受験で子どもを
伸ばす親、つぶす親

和田秀樹

ディスカヴァー
携書
220

はじめに

2019年は、親が小学生ぐらいの子どもに手をかけるという痛ましい事件が立て続けに起こった年でした。

メディアが「虐待」という言葉を使って、これらのセンセーショナルな事件を大きく報道したのは記憶に新しいところです。

これらの「虐待」とは似て非なるものとして、**「教育虐待」**というものがクローズアップされたのも、ここ最近の特徴といえます。

教育ジャーナリストのおおたとしまささんは、自身の著書『ルポ　教育虐待～毒親と追いつめられる子どもたち』（ディスカヴァー・トゥエンティワン）において、「『教育虐待』とは『あなたのため』という大義名分のもとに親が行う、いきすぎた『しつけ』や『教育』のこと」と定義しました。

「あなたのため」という真っ当に見える理由を掲げながら、罵声を浴びせたり、人格を否定するような発言をしたり、時には暴力に訴えてまで、過剰な干渉により勉強を強いる――。

おおたさんの著書でも取り上げられているこのような「毒親」の行為は、まさに多くの人がイメージする「教育虐待」そのものだと思います。

2016年に起きた、「中学受験の勉強をしなかった」という理由で父親が小学6年生の息子を包丁で刺し殺すという悲しい事件は、そのような「教育虐待」がもたらした最悪な結末だといえるでしょう。

子どもの成績が悪いときにガミガミ叱ってしまったり、思わず手が出そうになったが「教育虐待」という言葉が頭をよぎって冷静さを取り戻した、という経験は誰にでもあると思います。

あるいは、小学校受験は特に、どうしても子どもより親がエキサイトしやすいため、のちのち当時を振り返り、「あの頃の自分は、明らかに毒親だった」などと反省している方もいらっしゃるかもしれません。

つまり、いきすぎた「しつけ」や「教育」という意味での「教育虐待」に陥る毒親は確かに存在するものの、盲目的にそこに陥っている一部の人を除けば、それが「許されないもの」「よくないもの」であることへの自覚や理解は比較的進んでいるのではないかと想像しています。

しかし、少し過激な言い方になるかもしれませんが、私はこうも思っています。

「子どもに無用な劣等感を抱かせることも、一種の虐待である」

勉強において、子どもが劣等感を抱くのは、学校や塾の勉強についていけなかったり、テストで思うような成績が取れなかったりするときです。また、受験での失敗がきっかけにそうなることもあります。

そんなときに、それを改善する努力をするどころか、むしろ追い討ちをかけるような言動によって、「自分はバカなんだ」「自分はダメなんだ」と子どもに思わせてしまうのは、親として、してはならないことでしょう。

もっと言えば、「教育ネグレクト」の範疇にあるのではないかと、私は考えているのです。

「教育ネグレクトだなんてとんでもない！　うちは中学受験も考えているし、ちゃんとレベルの高い塾にも行かせている。

それなのに、成績が伸び悩んでいるから困っているのではないか！」

そう反論する方は、「レベルの高い塾に行かせる」ということが「適切な対処」だと思い込んでいるのだと思います。

けれども、成績が伸び悩んでいるというその事実は、それが決して「適切」ではないという何よりの証拠なのではありませんか？

多くの人は、成績が伸び悩むその理由を、「わが子の努力が足りないから」「そもそも頭が悪いから」などと考えがちですが、それは大きな間違いです。

もちろん、まったく勉強していないというのなら話は別ですが、**それなりに努力をしているにもかかわらず、成果が出ないのだとしたら、教え方や学び方、つまりやり方が間違**

っている——これが本当の理由なのです。

それにもかかわらず、「成果を出すための別のやり方」を探すことも、試すこともせず、「努力不足」あるいは「能力不足」だと子どもを責めて、どんどん追い込んでいく。

そして、目の前の結果に一喜一憂し、思うような結果が出なかった場合に、別のルートを探そうともせず、すべてが終わったかのような錯覚を子どもに抱かせる——。

驚くほど多くの親御さんが今、自覚なく、このような状況に陥っているのです。

間違ったやり方で劣等感をもたせてしまうのも「虐待」の一つ

結果を出すには、いろいろなやり方があります。しかし、それ以上に人間のタイプはさまざまです。つまり、あるやり方で大きな成果を上げられる子がいる一方で、その方法ではむしろ逆効果になる子もいる。どんなに有名な塾に通わせたとしても、成果が上がらない子がいるのはそのせいです。

成果が出ないやり方をいくら強制したところで、結果にはつながりません。そこで生まれるのは、「自分はできない」という劣等感だけ。

そうならないために、本当にその子に合ったやり方を必死になって探してやるのが、親の務めなのではありませんか？

4人のお子さんを東大理Ⅲに合格させた母親として有名な「佐藤ママ」こと佐藤亮子さんは、4人のお子さんに同じ勉強をさせたわけではありません。

それぞれの性格に応じて、莫大な情報の中からそれぞれにぴったり合う方法を見つけ出し、それを実践させたからこそ、お子さんそれぞれが最大限に能力を発揮できたのです。

勉強を教えることはできなくても、情報を集めたり、試しに実践させてみることなら、どんな親にだってできるはずです。

また、そこに至るまでのプロセスにこだわりすぎるのも日本人の欠点です。

大学受験という目的に対しては、中学受験は単なる通過点に過ぎません。だから、そのタイミングでの結果がすべてを決めるわけではありません。

さらに言えば、その大学受験よりもっと大事なのは、その先にどのような人生を送っていくか、ということのはずです。

それなのに、うまくいかないルートでただもがくだけだったり、そのルートが閉ざされた瞬間にすべてを諦めてしまったりして、別のルートを探そうともしないのでは、子どもの可能性は狭まるばかりです。

子どもにやりたくない勉強をさせることそのものが虐待という人もいますが、それは勉強がつらいからでしょう。これからの時代、ある程度の知的レベルのない人間が生きていくことは難しくなっていくでしょう。そうではなく、つらくなくなるような勉強のやり方を模索すべきでしょう。

子どもへの教育において最も大事なことは、**決して劣等感をもたせない**こと、そして**「自分は捨てたもんじゃない」「うまくいかないことがあっても、やり方次第で目的は果たせる」という自信をもたせる**ことです。

その自信が育まれないせいで、本来もっているポテンシャルを発揮しないままの人生になってしまうことほど、不幸なことはないと私は思います。

どんな子でも、その子に合ったやり方さえ見つかれば、必ず成績は伸ばせます。そうすれば、やり方次第で結果が出せるという自信がもてます。

だからこそ、たとえば東大のような一流といわれる大学にチャレンジする自信ももてますし、もちろん、合格することだってできるのです。

さらに言えば、そうやって培った**「自分なりのやり方で、戦略的に工夫しながら目的を果たせる能力」**こそが、**これからの社会に不可欠だと声高に叫ばれている「生きる力」そのもの**なのです。

どれだけ面倒見の良い塾でも、あなたのお子さんが最大限に能力を発揮できるような、完全オーダーメイドの教育をすることなど不可能です。

それができるのは、親であるあなただけです。

私が本書で語ることも、言ってみれば莫大な情報のうちの一つにすぎません。

しかし、必ずやその一助となってくれることと心から信じています。

和田秀樹

第1章　塾に行かせることが教育虐待になる親、ならない親

第2章　塾に行かせることで子どもを賢くする親、バカにしてしまう親

第3章 「中学受験後」に子どもをつぶす親、つぶさない親

第4章　東大を出て使える人間になる人、ダメ人間になる人

第５章　何のために受験勉強をするのか——受験勉強は悪ではない

あとがき

第1章

塾に行かせることが教育虐待になる親、ならない親

中学受験をさせるのは、賢明な選択である

「教育虐待」と聞くと、一般的に「過剰な教育」のイメージが強いかと思います。

何をもって過剰だと判断するかは、それぞれの価値観によるところも大きいかもしれません。

たとえば、子どもはのびのびと遊ばせるべきだという考えの人にとっては、小学生のうちから受験勉強を強いること、つまり中学受験をさせることさえも、「過剰な教育」となる可能性もあるわけです。

私自身は、中学受験を悪いことだとは思っていません。状況が許すのであれば、**基礎学力を身につける絶好の機会として前向きに検討すべき**だと思っています。

算数では計算力はもちろん、文章から式に落とし込んだり、図形の問題を解いたりするなかで思考力も身につきます。国語なら、語彙力、漢字力のみならず、文章読解力を身に

つけるトレーニングにもなります。

中学受験は、学校の勉強だけをやっているのでは到底太刀打ちできません。そこを問題視する人もいるようですが、それは逆に言えば、6年後の大学受験を見据えている私立中高一貫校が、「学校の勉強だけでは十分な基礎学力がつかない」と判断している、何よりの証拠だとも言えます。

実際、基礎学力がしっかり固まっていなければ、どんなやり方でいくら勉強しても、成績を伸ばすのはなかなか難しいものです。なので、**中学受験という経験がその先の大学受験において、大きなアドバンテージになる可能性は非常に高い**のです。

何より、小学生のうちから「志望校合格という目標を掲げて勉強する」という経験をすることで、自然と学習習慣が身につくという効果もあります。

のびのびとした小学校生活を送れたとしても、そこで十分な学習習慣が身についていない子が、中学生になったからといって、いきなり熱心に勉強を始めるという保証はどこにもありません。

よほどの天才でもない限り、勉強もしないのに、成績が伸びることはないわけですから、あとあと苦労することは避けられないでしょう。

高校受験で分断されることなく、6年かけて大学受験の準備ができるというメリットも含め、総合的に考えれば、中学受験というのは、「過剰な教育」どころか、むしろ賢明な選択だといえるでしょう。

大手有名塾に入れれば、必ず合格できるのか？

学校の勉強だけでは太刀打ちできない中学受験に挑むには、一般的には塾に通うことが必要になります。

では、みなさんはその塾をどのように選ぶでしょうか？

「中学受験に強いといわれる知名度の高い有名塾」「合格実績の高い塾」に入れるのがもっとも安心で、効果的だと思っていませんか？

中学受験では、その代表格といえるのが、難関中学に多数の合格者を出しているといわれるサピックスです。「難関中学に合格するには、サピックスに行かせなければいけない」と思い込んでいる親も少なくありません。

サピックスは、子どもに大量の宿題を課すことでも知られています。

多くの子ども、そして親は、それをやれば成績が伸びると考えているようですが、これは難関校にたくさんの合格者を出すことを目的に、いわゆる「できる子」に勉強量をこなさせることで確実に実力をつけさせようとする「大は小を兼ねる」型の勉強です。

もちろん、授業の内容がしっかり理解できている子であれば、確かに効果はあるでしょう。

ただし、効果があるのはそもそもできる子なのですから、「受かると決まっている子」だともいえます。

ですから、サピックスの高い合格実績というのは、「受かることが決まっている子に想定どおりの結果を出させている」に過ぎないのです。たくさんの合格者を出している一方で、たくさんの不合格者も出している事実から、決して目をそらしてはいけません。

もしも、あなたのお子さんが、最上位にあるαクラスに入れるのであれば、このシステムがうまく合致する可能性もあるので、サピックスという選択は間違いではないかもしれません。

そもそも、できるお子さんなのですから、効率が良いかどうかは別として、「大は小を兼ねる」型の勉強によって、今より成績を伸ばすこともできるでしょう。

できる子がたくさん勉強するのですから、至極当たり前の話です。

それ以上に意味があるのは、いわゆるブランド塾の、しかも最上位のクラスにいることで、「自分はできるんだ！」という自信がつくことです。

自信は最高のモチベーションとなりますから、そういう意味では、そこに身を置くことは決して悪いことではありません。

さらには、大量の勉強量にもへこたれない根性をも身につけられる可能性もあります。

では、逆に、BやAという最下層のクラスからなかなか脱出できないお子さんの場合はどうでしょうか？

おそらくその子たちに対しては、親も教師も、「少しでも上のクラスに上がれるよう頑張ろう！」と発破をかけることでしょう。

しかし、そのやり方は、例の「大は小を兼ねる」型の勉強です。同じ10ページの宿題をやるにしても、αクラスの子なら1時間で終えられるのに、BやAというクラスの子は理解が不十分なので、3時間かけても終わらないということが起こり得ます。

その差の2時間の間に、αの子はさらに大量の問題を解くわけですから、これでは半永久的に追いつくことなどできないでしょう。

少なくとも、サピックスのような塾に任せているだけでは、「すでにできる子がさらにできる子になる」可能性はあったとしても、「今、できない子ができる子になる」ことは期待できません。

なぜなら、**サピックスのやり方は「できない子をできる子にする」方法ではない**からです。

「勉強をいくらやっても、できるようにならない」という不幸

繰り返しますが、「今できない子」を「大は小を兼ねる」型の塾に通わせたところで、「できる子」にはなりません。

しかし、見せかけの合格実績に惑わされ、さらにそれで合格を勝ち取った人の声を聞いて、サピックスに行かせることこそが難関中学に合格するための近道だと思い込んでいる親は少なくありません。

その中で、わが子が思うように成績を伸ばせなかった場合、その矛先はなぜか子どもに向かいます。

「やってもできないのは、頭が悪いからだ」

「クラスが上がらないのは、まだまだ努力が足りないからだ」

そんなふうに決めつけて、なかにはそれこそ虐待に近い態度で、子どもを責め立てはじ

める親もいるのではないでしょうか。

それはもちろん重大な問題ですが、たとえそうでなくても、「せっせと塾に通い、大量の宿題に必死で取り組んでいるのに、結果が伴わない」という状況自体が、子どもにとっては苦痛以外の何物でもありません。

最初のうちは、親の期待に応えようとなんとか頑張っていた子でも、やってもやっても結果が出なければ、勉強嫌いになってしまうのは時間の問題です。

もっと不幸なのは、上のクラスにいけないというだけで、「できない」と思い込み、「自分はバカなんだ」「自分はダメな人間なんだ」という劣等感を小学生のうちから早々に植えつけられてしまうことです。

わずか10歳やそこらで植えつけられた無用な劣等感のせいで自分自身の力を見限った子は、その後に広がるさまざまな可能性を放棄します。

「自分は、しょせんこの程度だ」という諦めによって自分のポテンシャルを発揮する機会を失えば、それがその後の人生を大きく左右してしまうでしょう。

これは何も、サピックスに限った話ではありません。

どんな塾に通っているとしても、お子さんの成績が下位と言わざるを得ない位置にあるとしたら、もうそれだけで無用の劣等感を植えつけてしまう危険があります。

こうなってしまうと、何のための塾通いなのか、わからなくなってしまいます。

そもそも、将来の可能性を広げるために中学受験を決意したはずなのに、そのために通った塾で、かえって可能性を狭めているのですから、本末転倒もいいところです。

しかし、それでも、同じ塾に通わせることに疑問をもつ親は驚くほど少ないのです。

とにかく1つでも上のクラスに入りさえすれば、状況は一変するとでも思っているのでしょうか？

しかし、当たり前のことですが、塾に通う目的はあくまでも志望校に合格することであり、その塾で上位クラスに入ることではありません。

それなのに、なぜ「劣等感」という最悪の副産物を生み出してまで、サピックスのαクラスに上がるという目先のニンジンのために、恐ろしいほど多くの時間をかけ続けるのか、私には到底理解できないのです。

無用の劣等感を抱かせるのも、立派な「教育虐待」である

「やってもできない」という状況にどっぷりつかり、無用の劣等感を抱かせることは、子どもの可能性を奪うことにもつながります。

そういう意味で、状況を変えようとしない親の態度は自覚なき「教育虐待」だと言っても過言ではないと私は考えます。

ここで、私の弟のエピソードを紹介させてください。

私と一つ違いの弟は、小さい頃に大病をした影響もあったのか、小学校1〜2年生の頃は学校の勉強にまったくついていけませんでした。それでも、母はそんな弟にいつも「あなたは賢い！」という言葉をかけていたのです。

そろばん塾に通いはじめた私がとても算数が得意になったのを見て、弟も同じようにそ

ろばんを始めたのですが、左利きのためにうまくそろばんが使えず、たった1週間でやめてしまいました。

それでも母は、「あなたはダメね」などという言葉は一切口にせず、弟を責めるようなこともありませんでした。

そんな弟が今度は公文式に通うことになり、自分より上の学年の問題が解けるようになりました。ずっと劣等生だった弟にとって、それはものすごい進歩です。

そのおかげで公文式が好きになり、「自分は本当に賢いんだ！」と自信を持つようになりました。公文式はそもそもそういうプログラムなので、自分より上の学年の問題が解けるようになるのは当たり前のことなのですが、母からも「やっぱり、あなたは賢い！」とものすごく褒められた弟は、自分にはすごい才能があると思い込むようになったのです。

その後、私が通っていた中学受験塾に入りましたが、そこでの成績はずっとビリでした。私の後を追い、灘（灘中学校・高等学校）を受験しましたが、あえなく玉砕。

結果的には、卒業生が京大に毎年1人入るかどうか、というレベルの中高一貫校に通うことになりました。ただ、その結果に落胆する弟や母の姿というのは、私の記憶にありません。

その学校での弟の成績は、200人中60〜80番程度。それにもかかわらず、彼は東大を受ける気満々でした。さらには、「僕が勉強できないのは、今の学校の教え方が悪いせいだ。灘のやり方なら僕も兄貴のように東大に受かるだろうから、それを教えてくれ」と言うのです。

どこまで能天気なのだろうかと呆れながらも、私自身を東大合格に導いた「勉強のやり方」をアドバイスし、弟もそれを実践しました。

するとなんと、弟はその高校が始まって以来、2人目の東大文Ⅰ現役合格者となったのです。

繰り返しますが、弟はいわゆる優等生ではありません。それでも、東大に現役で合格できたのです。

もちろん、私が指導した「勉強のやり方」も効果があっただろうと自負してはいます。

ただ、それ以上に大きかったのは、どんな状況になっても、**「たまたま方法が間違って**

いるだけで、自分の頭が悪いわけじゃない」という自信を本人がずっともち続けたことだと思います。

実際、彼の口から、「自分はバカだ」とか「自分はダメだ」などという言葉を聞いたことはありません。根拠のない自信かもしれませんが、たとえ根拠がないとしても、これだけの結果を出すのが自信の力なのです。

弟がそのような自信をもち続けられたのは、間違いなく母の言動が影響しています。どんなときでも、ずっと「本当は、あなたは賢いのだ」と言い続けたことで、弟は自分の可能性を放棄することなく、自分のポテンシャルを最大限に発揮できたのだと思います。

子どもに自信を持たせるために、親にできることとは？

子どもに「できない」という劣等感をもたせないためには、どうすればいいか？
「自分は決して頭が悪いわけじゃない」、「自分だって捨てたもんじゃない」、「やり方次第でいつでも逆転できる」という自信を子どもにもたせるためには、どうすればいいか？

――それを考えるのが、親としての最大の仕事です。

だからこそ、有名塾の最下位クラスでわが子をくすぶらせ続けることは、子どものためにならないどころか、むしろ教育虐待に近い行為だといえます。

では、わが子が最下位クラスでくすぶっているとしたら、親は具体的にどうすればいいのでしょうか？

答えは簡単です。

その子がちゃんと結果を出せる、別の方法を考えればいいのです。

たとえ有名塾だとしても、そこで「できる子」になれていないのなら、その塾はあなたのお子さんに合っていません。

それなのに、なぜ、ほかの選択肢を考えないのでしょうか？

「有名塾に通えばできるようになる」というのは幻想です。そう考える親に必要なのは、その幻想を捨て、結果につながるような別の手段を本気で模索することです。

家庭教師や通信教育という手だってあるわけですし、もちろん地域にもよるでしょうが、塾の選択肢だけでもいろいろあるでしょう。

転塾だけでなく、最初の塾選びにおいてもいえることですが、塾はブランドではなく、そこでわが子ができるようになるか、「志望校合格」という結果が本当に得られるのか、という視点で選ぶべきです。

そのためには、**親が自分自身で情報収集する必要があります。**ネットで検索すれば、情報はいくらだって手に入れることができる時代です。

お子さんが志望する学校の受験対策に特に力を入れている塾は、もちろん候補の一つになるでしょう。

ただし、合格実績の数字だけに惑わされてはいけません。その結果が得られるのは、その塾のやり方がお子さんにぴったり合っていた場合に限られます。

口コミやほかの親の評判を盲信するのもよくありません。

なぜなら、その塾で成功したお子さんと、あなたのお子さんは同じＤＮＡではないからです。**誰かにはぴったりだった塾でも、あなたのお子さんにも合うという保証はない**のです。

実際の授業の内容や雰囲気を確認するために、見学をすることや体験授業を受けることは絶対に欠かしてはいけません。

「それは当然やっている」と反論されるかもしれませんが、多くの親は2か所か3か所くらい回っただけで満足しています。本当にお子さんに合った塾を本気で探そうとするなら、10か所くらい回ったって多すぎることはないと私は考えます。

それくらいの努力をするのは、親として当たり前のことなのです。

子どものタイプによっても、親の役割は違う

塾を選ぶ際に、そこでわが子ができるようになるかどうかという視点がもっとも大事なのは、**「できる」という自信をお子さんにもたせたい**からです。

もちろん、お子さんのタイプによっては、ビリのほうの成績でもサピックスのようなブランド塾に通っているというプライドが自信につながるケースもあります。また、なかには劣等感をバネにできる子もいます。

そのような、劣等感をカバーして余りある優越感を感じていたり、劣等感をポジティブな方向に変えられる子の場合は、あえてブランド塾を選ぶことや、わざわざ転塾させずにそのまま留まるという選択肢もあるでしょう。

ただしその場合も、そこで成績が伸びないとしたら、「勉強のやり方」は変える必要があります（詳しくは第2章でお話しします）。

一方、良かれと思って通わせたブランド塾で「できる」経験が得られず、「自分はダメだ」などという劣等感を抱きはじめている気配があるのなら、**とにかくまずは自信が取り戻せる環境を与えるべき**です。

どういう状況で、どれくらい劣等感を抱くかは、お子さんによっても大きく違います。

たとえば、サピックスでKやJ（αクラスのすぐ次のクラス）にいても、「αクラスに上がれない」というだけで劣等感を募らせる子もいますので、クラスのレベルにかかわらず、お子さんの様子で判断しなければなりません。

サピックスでKやJのクラスにいる子なら、たとえば栄光ゼミナールならトップクラスに入れるはずです。

確かに、サピックスに通っている子たちに対する劣等感はしばらく拭えない可能性はありますが、少なくとも**「自分はダメではない」ことに気づきますし、それが自信を取り戻すことにつながります。**

しかも、栄光ゼミナールの教え方がぴったりハマり、どんどんできるようになっていけば、「なんだ、自分はただサピックスのやり方が合わなかっただけだったんだ！」と考えるようになります。

これについては、のちの章でも詳しくお話ししますが、「できる」か「できない」かを能力や努力、あるいは根性の問題に帰結させず、**「やり方次第でできる」**という発想にできるかどうかは、その後の大学受験、ひいては人生において、非常に重要な意味をもちます。

その経験を小学生時代に得られたとすれば、サピックスで落ちこぼれたという事実だって吉に転じさせることができます。

だからこそ、「できない」という状況を放置せず、**別の選択肢を模索し、「できる」環境を与えてやることが親として、絶対に欠かせない姿勢**なのです。

「とにかく根性」でがんばらせる悲劇

子どもが「できない」状況のとき、「もっと努力しろ」とか「頭が悪い」と叱責する親がいる一方で、「うちの子はしょせん、こんなものなんだ」と早々に諦めてしまう親もいます。

そんなふうに親に見限られることほど、子どもにとってみじめなことはありません。親として「結果を出させるための努力をしない」ことはすべて、**「教育ネグレクト」**だと私は断じたいのです。

そういう親に限って、「過大な期待は子どもを追い詰めるのではないか」という心配をしていたりするものですが、私は子どもに対して「過大な期待」というのは基本的にはあり得ないと思います。

親であるなら、「うちの子はもっとできるはずだ」と、**いい意味で「親バカ」になり、もっと悪あがきするべき**なのです。

なぜなら、小学生の場合は、子どもができない理由の8割は教え方か学び方がその子に合わないせいであって、子どもの能力や努力の問題ではないからです。

塾に通っているのに、成績が伸びないとしたら、明らかに教え方がその子に合っていないのです。

そもそも、**教育というのは「できないことをできるようにする」のが目的**であり、少なくとも塾というのは、そのために行かせるところです。

できないことを、できるようにしてくれない塾になど、行かせる必要はありません。

誤解のないように言っておきますが、そこで成績を伸ばせない子にとって価値がないだけで、その塾自体に価値がないと言っているわけではありません。

とはいえ、できない子をできるようにできないのは、教えるほうの意識不足、努力不足もあるのではないでしょうか。

たとえば、真っ当な医者であれば、ある治療法を試して良い結果が得られないなら、別の治療法を試すはずです。効きもしない治療法をいつまでも続けたり、治療法をたった1つしか知らないような医者は明らかにやぶ医者です。

自分が勧める治療法で効果が上がらないからといって、患者に「とにかく、この治療法が効くまで頑張ってください」などというのは、相当ひどいやぶ医者です。そもそも、そんな医者には誰もかかりたくないはずです。

特に私が関わる精神科では、1回目の治療法が当たるとは限らないので、いろいろと試すなかで、その患者さんに本当に合った治療法にやっとたどり着くというのが大半です。

「面倒見の良い塾」という評判を得ている塾のなかには、成果が出ない子どもに対して、さまざまな教え方の工夫をしてくれるところもあります。

そういう塾ならまだ希望はもてますが、結果が出ない子に対しても、同じ教え方を繰り返すだけで、どんどん傷を大きくしている塾は山ほどあるのです。

以前、幼稚園に運動の講師を派遣している「ジャクパ」という体育教育の会社に伺ったとき、そこの代表の方がこんなことを話していました。

「うちでは、逆上がりができない子をできるようにしない講師はクビなんですよ」

逆上がりというのは、子どもにとって決して低いハードルではありません。しかも、幼児期の子どもの身体能力には大きな差がありますし、性格だって千差万別です。

そんななかで、どんな子どもでもできるようになるとしたら、**教える側が、それぞれの子どもに最適な方法をあれこれ試すなど、さまざまな工夫を凝らしている**からこそです。

クビになるという危機感がそうさせている部分はあるのかもしれませんが、これこそが本来の教育の姿であり、まがりなりにも教育に関わる者なら、本来これくらいの覚悟はもつべきなのだとつくづく感じました。

何を隠そう、私も小学1年生の頃、逆上がりができませんでした。

当時の学校の先生は、教え方を工夫するようなことはしてくれず、「とにかく頑張れ！」と言うだけです。もちろん、私も必死に頑張りましたが、結局できるようにはなりませんでした。

その結果、私は「逆上がりができない子」というレッテルを貼られ、周りの子どもにもバカにされ、いじめられるようになりました。

そういう経験があったので、運動に対してものすごい劣等感を抱くようになったという苦い経験があります。

大人になった今でも、スポーツは大嫌いです。運動不足が原因の高血糖にも苦しめられた経験もあり、逆恨みかもしれませんが、私は子どもの頃に受けた悪い教育に殺されかけたとさえ思っています。

もし、当時の私がジャクパの講師のような先生に出会い、ほかの子より運動が苦手な私でも逆上がりができるような教え方をしてくれていたら、ひどい劣等感を抱くようなことはなかったでしょうし、ひょっとしたら今ごろは、趣味程度にスポーツを楽しめる大人になっていたかもしれません。

これと同じような悲劇は、勉強においても起こっているのです。

その子に合わない教え方をしている側の責任を看過して、できないのは能力のせい、努力不足のせいだと決めつけ、「とにかく根性で頑張れ」と言い続ける。

あるいは、「そもそも能力がないのだから仕方がない」と見放してしまう。

それによって、子どもの心は大きく傷つき、劣等感だけを募らせていく。

そして、社会に出てからも自信のない人間となって、仕事もうまくいかない一生を送る。

――これが虐待でないと、誰が自信をもって言えるでしょうか？

第2章

塾に行かせることで子どもを賢くする親、バカにしてしまう親

第1章では、塾に入れても成績が伸びない場合、子どもに発破をかけたり、親のほうが諦めたりするのではなく、「ほかの方法」を試すべき、というお話をしました。

では、親として「ほかの方法」を試すとは、具体的にどのようなことをするべきなのでしょうか？

「無駄な努力」に疲弊して、勉強が嫌いになる子どもたち

塾というのは、難関校に何人入れるかという結果を求められているので、その可能性の高い「できる子」のほうを手厚くフォローするということが往々にして起こります。

もちろん本来であれば、できない子をできるようにするのが教育の役割なのですが、塾はあくまでも商売なので、少なくとも合格実績を売りにするブランド塾にそれは期待できません。

そもそも、一人ひとり認知の仕方は違うのですから、**一部のできる子に効果が出ているからといって、同じ教え方で全員を理解させようとすること自体が甘い**のです。

繰り返しになりますが、塾に通っていても一向に成績が上がらないのは、明らかにその塾の教え方がその子に合っていない証拠です。

判断が難しいのは、ものすごくできるわけではないけれど、まったくできないというわけでもない、つまり真ん中くらいのクラスにいる子です。

そういう場合は、塾の教え方自体はその子に比較的合っている可能性も高いぶん、「やればできる」と親も期待します。

その結果、「もっとたくさん勉強しろ」と発破をかけ、少しでもサボっていると、「努力が足りない」「あなたは根性がない」などと叱責したりもします。

でも、それなりに勉強しているのに、思うように成績が上がらないとしたら、その原因は努力不足などではなく、**その子の「勉強のやり方」が間違っている**せいです。

間違ったやり方で必死に頑張るなんて、恐ろしく非効率です。場合によっては、まったく効果が上がらない危険性だってあります。

スポーツの場合は、必ずやり方を習ってから練習します。

たとえば、ゴルフでも、なかなかボールが前に飛ばない振り方をしている人に対して、「とにかく根性で1000回振れば前に飛ぶようになる」なんて指導をするコーチはいません。前に飛ばないのは、明らかにクラブの振り方が間違っていることが原因ですから、ちゃんと前に飛ぶ振り方に矯正し、それを習得させようとするはずです。

ところが、勉強で結果が出ないときは、その子の「勉強のやり方」に問題があるのではないか、という発想になぜかなかなか至りません。

よくよく考えてみれば、勉強のやり方なんて最初から教わっていないし、誰もが自己流でやっています。だから、そのやり方が間違っている可能性はかなり高いといえます。

それなのに、多くの親は、テストの点数ばかりを気にして、自分のお子さんがどういう勉強のやり方をしているかなど、気にも留めていません。

やり方次第で結果が変わるかもしれないのに、やり方が間違っているという発想がそもそもないので、別のやり方を試そうともしないのです。

そういう親は、たとえばケアレスミスに対しても、「もっと真剣にやれ」「テストを甘く見るな」などと、根性論で諭そうとします。

けれども、**ミスをするのはやる気がないせいではありません。必ず理由とパターンがあり、それを防ぐ方法も必ずあります。**

「ミスをするな」と何度も叱り飛ばすより、ミスのパターン（繰り上がりの計算でミスをしやすい、問題文を読んでいない、など）からそれが起こる理由を突き止めて、ミスをしない対策を考えてやることのほうが大事なのです。

今や、スポーツの世界でも、「根性論」などはすでに時代遅れだといわれています。

うさぎ跳びをひたすらやるとか、水も飲まずに長時間走るといったことは、結果に結びつかない非科学的なやり方だとして、どんどん排除される傾向にあるのはみなさんもご存じでしょう。

けれども、こと勉強においてだけは、成果を出す唯一の方法は、長時間机に向かうことだという思い込みが根強く残っているのです。

ただひたすら、「努力が足りない、もっと勉強しろ」と言われ続けた子どもたちは、無駄な勉強に疲弊して、勉強嫌いに陥り、さらには劣等感を募らせる――こんなことが当たり前のようにまかり通っているのです。

何を目的として、塾に通わせているのか

「結果が出ない努力は無駄だ」と言うと、「勉強に無駄なものなどない」と反論する人が必ずいます。

でも、本当にそうでしょうか？

時間は無限ではありません。

もっと効果の出るやり方を工夫して、無駄に努力する時間を省くことができれば、その時間を別のことに充てることができます。

小学生なら体力をつけることも大事だし、いい音楽を聴くとか、映画を観るといった情操教育も大切でしょう。

努力や根性一辺倒の勉強法がもたらすのは、勉強漬けの毎日であり、それは肉体的にも

精神的にも子どもに大きな負担をかけるのですから、何も好きこのんでそんなことを子どもに強いる必要などないはずです。

無駄な努力を強いられる可能性は、実は「できる子」にもあります。

第1章でもお話ししたように、勉強量をこなす「大は小を兼ねる」型の勉強の場合、「できる子がさらにできるようになる」可能性はもちろんあります。

そもそもできる子が、与えられた大量の宿題をこなすために長時間勉強するのですから、それは当たり前の結果です。

ただし、その勉強が必ず必要かと言われれば、一概にそうとも言えません。

たとえば、サピックスで最上位のクラスにいる子の志望校が開成だとします。

10月の時点で過去問を解いてみて、310点中230点を取れたというなら、すでに合格圏に達するだけの実力がついていると言っていいでしょう。志望校合格を目的にサピックスに入ったのなら、目的はほぼ果たされているわけです。

しかし、たとえそうだとしても、サピックスにいる限りは、「油断せずに、さらに頑張れ」

と言われることはあっても、「きみはもう宿題をやらなくていいよ」とか「勉強は最低限でいいよ」などと言ってはもらえません。

なぜなら、それがサピックスのやり方だからです。

だから結局、来る日も来る日も相変わらず、できる問題を解き続けることになります。できることをただ繰り返すことほど、馬鹿げたことはありません。

勉強というのは、できないことをできるようにするためにやるものなのに、これではサピックスのやり方に無理やり自分を合わせているようなものです。

それでも、サピックスの信者になっている場合は、無駄なことをやらされているという感覚さえないかもしれません。よほどのアクシデントがない限り、翌年の2月にその子は合格を勝ち取るでしょうが、それは前の年の10月からわかり切っていたことです。

つまりその子にとって、そこから2月までの4か月は、できることをただやり続けた4か月ということになります。

私がその子の親だったら、さっさとサピックスは辞めさせます。最低限の受験勉強なら家でも十分できますし、大量の宿題から解放された分は、読書をするとか、新聞を読むとか、英語の先取り勉強をするなど、別の選択肢を与えます。

そのほうが、できることをひたすら繰り返すより、その後の大学受験、ひいてはその子の未来にとってずっと意味があることだからです。

もちろん、これは極端な仮定にすぎません。

要するに何が言いたいのかというと、できる子であろうと、ある時点においてできない子であろうと、**何を目的に塾に通っているのかを、決して見失ってはいけない**ということです。

塾を変えることも、選択肢の一つ

塾のやり方にただ素直に従っていると、なかなか気づかないのですが、**その塾に通うことが、いつの間にか目的に合わなくなってしまっている場合もあります。**

さんざん問題点を指摘しておいてなんだと言われそうですが、実は私の上の娘は、サピックスの最上位のクラスにいました。

基本的に成績は良かったのですが、算数のひねった図形問題はあまり得意ではなく、なんとかしてそれを克服しようと日々悪戦苦闘していたのです。

ただ、数学的なひらめきというのは、向き不向きが露骨に出てしまうところがあるので、無理して鍛えたところで、苦労の割に結果が伴わないことが多いものです。

そこで娘には、オーソドックスな問題を中心に出題する女子学院（女子学院中学校・高等学校）を受験させることにしました。

ひらめき力に欠けているのだとしたら、そこはもう目をつぶって、入試でそれがあまり問われない学校を選ぶほうが賢明だと考えたからです。

そうなると、そのままサピックスでひねった問題と格闘し続けるのは、むしろ無駄な時間になります。サピックスで上位クラスに居続けるためには必要な勉強ですが、娘にとって**大事なのは、サピックスで上位クラスにいるかどうかより、志望校に合格できるかどう**

かなのです。

そこで、サピックスでの成績が下がることに目をつぶっても、志望校別に的確な対策を講じてくれる別の塾に通わせることにしました。結果として、無事合格も果たしたので、やはりあの時の判断は間違っていなかったと思います。

「その子に合ったやり方」を探すには？

たとえば、たいして勉強をしたように思えないのに、テストでいい点数を取ってきたのなら、見ていないところで、なんらかの工夫をしたということなので、大いに褒めてやるべきだと思います。

コツコツと努力することを美徳とする親は、「たまたまいい点数が取れただけなんだから、調子に乗るな」などと言いがちですが、結果は正当に評価しなければなりません。

逆に、頑張っていたはずなのに30点しか取れなかったような場合は、明らかに間違ったやり方で勉強しています。

30点という点数自体は変えられないのですから、そこを責めても仕方がありませんし、責めるべきではありませんが、勉強のやり方は変えさせなければいけません。

30点という点数に一時は落ち込んだとしても、**やり方を変えた結果、点数が伸びれば、「やり方次第で結果は出せる」ことを子どもは学びます。**

勉強のやり方というのは、ノートの取り方、復習のやり方やタイミング、暗記の方法、問題への取り組み方などを指します。

「じゃあ、どういうやり方が間違いで、何が正しいのか？」

そういう疑問を持った方もいるでしょう。

しかし、残念ながらその答えは一つではありません。

確実にいえることがあるとしたら、**「その子がスムーズに結果を出せるやり方が正しくて、結果につながらないやり方は間違っている」**ということです。

たとえば、漢字の覚え方をとっても、その方法は一とおりではありません。「とにかく書いて覚えろ」という人は相変わらず多いですが、10回書いても覚えられない子がいる一方で、3回書けば十分な子もいます。

3回書けば十分なのであれば、その子にとっては同じ漢字を10回書くより、漢字を3回ずつどんどん書いていくやり方のほうが、効率的で正しいやり方ということになります。

10回書いても覚えられないという子だって、漢字を書いた紙をいつも目につくところに貼っておいて、繰り返し視界に入れるというやり方なら記憶に残せるという場合もあるでしょう。

何が合うかは、やってみなければわかりません。

ですから親が、これが正しい、これが当たり前という思い込みを捨てて、**その子に合うものにたどり着くまで、かたっぱしから試してみることが大事なのです。**

私は精神科医なので、患者さんや受験生から「先生、睡眠は何時間取るのが一番いいのですか？」という質問をよく受けます。

しかし、人間には個人差があります。5時間だとスッキリ目覚められるのに、8時間寝てしまうとボーッとしてしまう人がいる一方で、8時間は寝ないと体調がすぐれないという人だっているのです。

だから、私はいつもこんなふうにアドバイスしています。

「5時間、6時間、7時間、8時間と、毎日睡眠時間を変えてみて、どの睡眠時間の翌日が一番調子が良かったか実験してみてください。

そうすれば、あなたにとっての最適な睡眠時間がわかりますよ」

と。

スポーツの選手だって、みんながまったく同じやり方でベストパフォーマンスを出しているわけではありません。

同じやり方で同じ良い結果が出るのなら、プロ野球選手はみんなイチロー選手と同じ「振り子打法」で打席に立とうとするはずです。何人かは試している選手はいましたが、うまくいった選手はそう多くはなかったと思います。

つまり、イチロー選手にはぴったりだった振り子打法も、すべての選手に合うというわけではないのです。

よい方法が見つからないのは、親の怠慢にすぎない

勉強だって同じです。あるやり方が誰かにぴったりだったとしても、それで全員がいい結果を出せるわけではありません。

もちろん、子ども自身が自分にぴったりのやり方を探し出せれば、それに越したことはありません。でも、少なくとも小学生にそれをやれというのはやはり難しいと思います。

今どきの子は、昔よりかなり精神的に幼いうえ、あまり考えるという経験をしていないので、子どもによっては、中学生、高校生でも難しい場合もあるでしょう。

だからこそ、親の手助けが必要なのです。子どもが「できない」状況にあるのなら、努力不足だとか能力不足だとかと嘆くのではなく、ちゃんと結果が出せるようなやり方を子どもと一緒になって、本気で探してやってほしいのです。

それができないとしたら、努力不足はむしろ親のほうだとさえ思っています。

「私は失敗したことがない。うまくいかない1万通りのやり方を見つけただけだ」

これはエジソンの名言ですが、子どもを思うのであれば、そのくらいのスタンスで、貪欲にいろんな方法を試してみることが大事なのです。

勉強法を教えてくれる本は、ちょっと調べればそれこそ山のようにあります。手前味噌ですが、私も100冊以上を書いています。

もちろん、私の勧めるやり方こそがベストだとは言いません。でも、試す材料の一つにはなるはずです。

もしかすると、それがお子さんにぴったりの方法である可能性だってあります。

「はじめに」でも話題にした、東大に4人の子どもを合格させた佐藤ママ（佐藤亮子さん）

は、勉強法に関する本を私の本を含め200冊くらいは読んだとおっしゃっていました。彼女はそういう大量の情報の中から、4人の子どもそれぞれにぴったり合う方法を見つけ出したのです。この姿勢は大いに参考になるのではないでしょうか。

塾に任せていても、その子に本当にぴったり合った方法など探してはくれません。

ほかの子とは違うその子の個性を正しく評価し、さまざまな選択肢の中から、その子がしっかり結果を出せる方法を探し出す手助けができるのは、ほかの誰でもない、親なのです。

「わからなかったら答えを見る」のも、立派な勉強

「時間をかけてコツコツ努力することこそが正しい勉強」と言い続ける頭の堅い教育関係者は少なくないですが、私はそうは思いません。

そういう根性型の勉強を強いられた挙げ句、結果が出ないとしたら、子どもに残るのは

「自分はダメだ」という劣等感だけ。これも立派な「教育虐待」です。

では、どうすればいいのでしょうか？

私が編み出した勉強法の代表的なものに、**「暗記数学」**というものがあります。これは、解法パターンを1つの単元につき20〜50パターンくらい覚えてしまうというやり方です。

これ自体は、もともと大学受験を想定したものですが、とにかく点数を伸ばして自信をつけさせたいという場合には、中学受験の勉強法としても試してみる価値はあると思います。

ただ、それよりも前に試していただきたいのは、「自力では解けないけれど、答えを見れば解けるレベルの問題を解く」ことです。

自力で解ける問題を解くのは気持ちがいいので、優等生ほどスイスイ解いていきます。でも、それは単なる確認作業であって、勉強だとは言えません。勉強とはあくまでも、解けない問題を解けるようになることだからです。

一方で、自力では解けない問題に出会ったとき、子どもがすぐに答えを見ようとすると、「もっとしっかり考えなさい」と親は叱ってしまいがちです。

仮に根性を発揮したとしても、5分考えても解けない問題に1時間うなったところで、解けないものは解けません。唯一の可能性があるとしたら、「ひらめき」という奇跡を待つことですから、恐ろしく非効率です。

そんなときは、**さっさと答えを見て、「なるほど」と納得する――これが最も効率のよい勉強法**なのです。

もちろん、ただ答えを見るのではなく、ちゃんと理解するという過程を踏む必要はありますが、そうすれば同じパターンの問題は解けるようになります。

解き方がわからない問題を前に1時間うなっている人がいる一方で、その1時間の間に5個でも10個でも解法パターンを理解し、それを覚えることができれば、そっちのほうがずっと効率的です。短期間で成績を上げることにもつながります。

わからないうちは、先に解き方を覚える。解き方を理解してから、同じパターンの問題に挑戦する――この繰り返しで実力がついていくのです。

先に答えを見るのは、決してずるいことではありません。これも立派な勉強法です。

ただし、答えを見ても「なるほど」と思えない、つまり納得できない様子がある場合は、問題のレベルが適正ではありません。少しレベルを下げ、答えの解説が理解できる問題からやり直すようにしてください。

子どもの特性に合った学校を選ぶのも親の仕事

私が「結果を出すやり方こそが正しい」と考える最大の理由は、**結果が出てこそ、子どもは自信をもつ**からです。

人間というのは非常に都合のいい生き物なので、自分ができることは好きになります。勉強だって、テストの点数がどんどん上がれば、必ず好きになります。だからこそ、場合によっては、「暗記算数」も試してみる価値があるのです。

いわゆる王道といわれる勉強法だとしても、それで結果が出なければ、間違いなく勉強が嫌いになります。

今の時代、勉強が嫌いになった子は、簡単にネット依存、ゲーム依存に陥ります。そうなってしまうと、再び勉強に興味を持たせるのは簡単なことではありません。だから、子どもを絶対に勉強嫌いにしてはいけないのです。

私の弟が公文式で自信を深めたのも、「自分より上の学年の問題が解けた！」という結果を得たからにほかなりません。**「できた！」という経験を繰り返して、子どもは「自分はやればできるんだ」という自己肯定感を高めていく**のです。

そういう意味で、中学受験の志望校を決めるにあたっては、名前やイメージばかりに惑わされるのではなく、その子の能力や特性を生かして合格を勝ち取れそうな学校を選ぶことが大切だと思います。

つまり、単純に偏差値が高い低い、という話ではなく、**その子が実力を発揮しやすい傾向の問題を出す学校を選ぶ、**ということです。

これは、大学受験、高校受験にもいえることではありますが、入試問題というのは、学校によって出題傾向がかなり違います。

中学受験でいえば、同じ算数でもひらめきを要する図形の難問を必ず出題する学校があれば、比較的オーソドックスな問題を中心に出す学校もあります。

もし図形の難問が苦手であるなら、それをなんとかしなければと躍起になるよりも、そのような問題を出題する学校は候補に入れない、という選択をするほうが賢明です。

大学受験でも役立つ基礎学力というのは、主に国語の読解力と計算力です。これが身につくのが中学受験の大きなメリットなのですが、算数のひらめき力というのは、中学受験に特有のもので、その後の高校受験、大学受験で問われることはありません。

つまり、中学受験でひらめき力を問わない学校を選べば、無理してそれを鍛える必要はないのです。

前述のように、私の上の娘は算数の難解な図形問題が苦手でした。ただ、知識量を増やすことは得意だったので、ひらめきより知識量で勝負できる女子学院を選び、無事合格を勝ち取りました。

実は下の娘も、姉の楽しそうな学校生活を見て、女子学院に行きたがっていたのですが、知識量を問われる入試問題には太刀打ちできないと自分で判断し、自ら桜蔭（桜蔭中学校・高等学校）を選びました。

そして、1月校（お試しで受験することが多い）は不合格だったにもかかわらず、桜蔭には無事受かったのです。

暗記は苦手だけど、算数のひらめきには長けた子どもだったので、桜蔭の出題傾向はぴったりだったのでしょう。1月校に落ちたときはさすがに私も心配しましたが、本人は「出題傾向が違うのだから仕方がない」とけろっとしていたものです。

また、多くの学校は受験科目の合計点で合否を決めますが、受験科目は4科目のところもあれば、2科目のところもあり、最近は1科目受験という学校もあります。

4科目受験でも、各教科の配点がすべて100点で4教科の合計を400点満点としている学校もあれば、国語と算数は各100点、理科と社会は各50点と配点に差をつけ、3

00点満点としている学校もあります。

苦手な科目があるなら、その配点が低い学校や、その科目自体が受験科目にない学校を選ぶのも一つの手ですが、どんな学校を選ぶにしろ、**「合格最低点をいかにしてクリアするか」**という戦略を立てることは必要です。

苦手な科目がある場合、多くの親はそれをなんとかして克服させようとしますが、**やる気を出させるという意味では、得意科目を伸ばすほうが得策です。**

得意科目であれば理解もしやすく、何より楽しく勉強できます。自信をもって徹底的に勉強することで、得点が一気に伸びることもよくあります。

そうやって苦手科目の分まで得意科目で取れるようにしておけば、苦手科目の目標点数は低めに設定できます。

満点主義、完璧主義の親というのは驚くほど多くて、そういう親にとっては、「目標点数を低めに設定する」こと自体に抵抗を感じるかもしれません。

でも、あえて失点を認めることで、子どもの精神的負担を減らすことができます。その結果、得意科目がさらに伸びる可能性だってあるでしょう。

つまり、**無理して苦手を克服しようとしなくても、しっかりとした戦略が立てられれば、たとえそこが難関といわれる学校だったとしても、受かる方法はある**のです。

なかには、受験の戦略は塾に丸投げするほうが安心だと考える人がいるかもしれません。実際、それを売りにしている塾も確かにあります。

しかし、子どもの特性を親以上に理解している塾が、本当にあると思いますか？

少なくとも中学受験においては、そういう戦略を立ててやるのは、塾ではなく、親の大事な仕事だと私は思っています。

「塾に入れるなら、早いほうがいい」は本当か？

「9歳の壁」という言葉をご存じでしょうか？

人間の発達段階においては、ある年齢以降になると、抽象的な概念を理解する力や論理的思考力が急激に伸びてきます。

「ある年齢」とは、平均的には9歳とされており、多くの中学受験塾が小学4年生からそのカリキュラムをスタートさせる理由もそこにあります。

ところが、中学生くらいまでの子どもは発達の個人差が大きいので、小学4年生になった時点で、この「9歳の壁」を越えられていない子もいます。

そういう子は、いくら暗記や計算が得意でも、中学受験に向けた塾の勉強にはついていけません。

これは発達上、仕方がないことで、そのような状態でいくら頑張っても、結果にはつながらないのです。

国語においては大人が理解するような形で文意がつかめるだけの読解力があるか、算数においては論理的思考を要する問題が解けるか——それが、「9歳の壁」を越えているかどうかのチェックポイントになります。

もしお子さんが「9歳の壁」を越えられていないと思えるなら、中学受験塾に入れるのは少し待ったほうが賢明です。

何かに通わせるのであれば、公文式やそろばん塾などで得意の計算力を伸ばしたり、とにかくほめることで勉強は楽しいものだと思わせてくれる「花まる学習会」のようなタイプの塾を選ぶのも一つの手です。家で毎日、「百ます計算」をやらせるのもよいと思います。

また、抽象的な概念を理解する力や論理的思考力が不十分である一方で、**記憶力のキャパシティは、「9歳の壁」を越える前のほうが実は大きい**ので、そのメリットを生かすような勉強に取り組むのもよいでしょう。

記憶力がものをいう社会科や理科から、受験を意識した勉強を始めておけば、親も子も出遅れ感を感じずにすむかもしれません。

有名中学受験塾では、小学3年生の2月から「新小4」と銘打った中学受験カリキュラムを開始させるところが多いのですが、この時点で「9歳の壁」を越えられている子どもは果たしてどれだけいるのでしょうか？

特に早生まれ（1月〜4月1日生まれ）の子は、4〜7月生まれの子より1年近く発達が遅くて当たり前。むしろ、「9歳の壁」を越えている子の方が少ないと思います。

それでもなかには、発達が遅いからこそ早めに塾に入れなければと考える親や、それを無理に勧めてくる塾もありますが、これはまったく逆効果です。そういう子にとって、この時期に中学受験塾に入ることは、明らかに時期尚早なのです。

それでも、おそらく塾の講師は、「もっと勉強しないと追いつけない」と言うでしょうし、場合によってはさらなるプログラムを課してくる可能性さえあります。しかし、この差はあくまでも発達の違いなので、努力でなんとかなるようなものではありません。

「9歳の壁」を越えられていない子を、ほかの子と同じスタートラインに立たせるのは、まだつかまり立ちがやっとという子を、すでに歩きはじめている子どものなかに放り込み、そこでかけっこをさせることと同じくらい無理があります。

この真実に親が気づかず、塾の言いなりになっていると、子どもは強い劣等感を抱くようになり、やがて勉強嫌いになってしまう危険性が非常に高くなります。これでは中学受験に挑むこと自体が難しくなってしまいます。

中学受験塾のカリキュラムは、絶対に小4で始めなければいけないというわけではありません。**塾がつくり出した「当たり前」に惑わされず、発達具合に応じた学び方を工夫すれば、合格につなげることも十分可能**なのです。

本当の勝負は大学受験。受験にも、長中期的な戦略を

11〜12歳は、発達の個人差がまだまだ大きい年齢です。

つまり、中学受験というのは、心身の発達に差があるなかで同じ目標に挑むものなので、成長がゆっくりの子や早生まれ（1月〜4月1日生まれ）の子がハンディを背負いがちだという事実は、残念ながら否めません。

もちろん、発達に応じた教え方や勉強のやり方を工夫することは大前提なのですが、それでもなかなか成績がついていかず、ほかの子との差が縮まらないということは十分に起こり得ます。

第1章で、「勉強ができない理由の8割は、教え方か学び方がその子に合わないせい」

だという話をしましたが、残り2割の理由というのが、このような「発達が追いつかない」というものです。

つまり、中学受験の段階では、たとえいろいろなやり方を試したとしても、発達の速度の違いというどうにもしようがない理由で、思うように成績が伸ばせないという可能性も2割程度はあるということです。

しかし、ここで悲観する必要などありません。

なぜなら、第3章でもお伝えしますが、**中学受験というのは、大学受験という目的においては単なる通過点であり、決してゴールではない**からです。たとえば、東大に行くのが目標だとしても、そこまでのルートはたくさんあります。

それにもかかわらず、「御三家に受からないようでは東大にも行けない」などと、**「どこを経由するか」（プロセス）に強くこだわる親は非常に多い**のです。

しかし、心身の発達が追いついていない子どもに過剰なストレスやプレッシャーをかけたところで、いい結果にはつながりません。教育虐待になってしまう可能性のほうが高いでしょう。

発達の度合いが周りの子よりも遅いと感じる場合は、志望校のランクを少し下げることも検討すべきです。

一時的には負けたように感じるかもしれませんが、（あくまでも中長期的な意味での）本当の勝負は大学受験だということを忘れてはいけません。

中高の6年間の過ごし方次第で、世間では偏差値が低いといわれる学校からでも、東大合格だって不可能ではないのです。大学受験をする頃には、発達の差などなくなっているのですから。

さらにいえば、テクニックが効きづらい中学受験と違い、大学受験の場合は苦手科目などのハンディがあったとしても、いかようにも攻略が可能です。やり方次第で結果が出る可能性は、限りなく100％に近づきます。

つまり、**中学受験のタイミングであまり無理をせず、あえて王道以外のルートを選ぶのも、子どもの能力や特性を生かしながら次の目標につなげるための、一つの戦略**なのです。

最初にお話ししたように、中学受験というのは、基礎学力と学習習慣を身につける絶好の機会です。結果的にどこの学校を選んだとしても、中学受験に挑んだというその経験は絶対に無駄にはなりません。

もちろん、場合によっては、中学受験自体を見送るという選択肢もあります。これだって、決して敗北などではありません。

なぜなら、中学受験をしないぶん、小学5年生くらいから英語をしっかり学びはじめることができるし、方程式などの中学の数学の先取り学習を始めることもできるからです。

そうやって、**8年かけて大学受験に臨むという戦略が立てられる**のです。

また、東大に毎年多数の合格者を出している開成高校などは、中学で入るよりも高校から入るほうが簡単だという人もいますから、そういうルートを狙うという選択だってあります。

中長期的な目標に対し、今の子どもの発達段階や能力特性も踏まえながら、さまざまな情報を集め、そしてどのような戦略を取るのかを考えることも、また親の仕事なのです。

第3章

「中学受験後」に子どもをつぶす親、つぶさない親

「中学受験ですべてが決まる」というのは、親の思い込み

中学受験は、基礎学力や勉強の習慣が身につくという点で大いに意味があります。

しかし、「中学受験ですべてが決まる」などと思い込んで、親があまりにエキサイトしすぎてしまうと、子どもに「劣等感」という傷跡を残してしまいかねません。

「劣等感」は、子どものさまざまな可能性にリスクをもたらすので、その先の勉強への姿勢にも大きく影響します。だからこそ、中学受験においては、いかにしてこの劣等感から遠ざけるかに十分配慮することが大事なのです。

そのためにも、ブランド塾の最下位クラスでももやもやとした感情を募らせたり、合わない塾の教え方や間違った勉強法で「自分はダメだ」と思わせてしまうことは絶対に避けなければなりません。

それとともに、第2章でもお話ししたように、**能力や特性に合った、合格しやすい志望校を選ぶことも重要**です。無理めの学校に思い切ってチャレンジさせるというケースは多

いですが、「落ちる」という経験によって子どもは大人が思う以上に傷つきます。チャレンジも大事かもしれませんが、無理を承知で闇雲に受けさせるのが必ずしも良いことだとは思えません。

結局、奇跡が起こらなかった場合に、「やっぱりあなたはダメね」などと心ない言葉を投げかけたり、「もういい大学には行けない」と決めつけたりすれば、子どもは「自分はしょせん、この程度の人間なんだ」と未来の可能性を放棄してしまいます。これも立派な教育虐待といえます。

チャレンジ校の不合格でさえ、子どもによっては大きなショックを受けるケースもあるくらいなのだから、合格圏内にあったはずの志望校に落ちてしまった場合はなおさら、そのダメージは大きいでしょう。

そこで、子ども以上に親が落ち込んでしまったり、結果を責めるような言動をしてしまえば、子どもはそれを深刻に受け止め、絶望的な気分になってしまいます。

必要以上に自己評価を下げ、「自分はもうダメなんだ」と、自分自身に「負け組」のレッテルを貼ってしまいかねません。

これらはすべて、**「中学受験ですべてが決まる」という親の思い込みから起こること**です。そしてそういう親の言動は、子どもにも同じ誤解を抱かせるのです。

大事なことなので、何度でも繰り返します。

中学受験は、あくまでも通過点です。たとえば、いわゆる御三家で中高の6年間を過ごすということは、次の大学受験に至るまでの1つのルートに過ぎません。

そのルートを通れないなら、別のルートを通ればいいだけです。東大合格が目標だとしても、そこにつながるルートは山ほどあります。

この事実を親子でしっかり共有できていれば、仮に中学受験で思うような結果を残せず、一時的には落ち込んでしまったとしても、**「こうなったら、別のルートを選べばいいだけだ」**とすぐに気持ちを切り替えて、前を向くことができます。

日本人は、あるレールに乗り損ねてしまうと、もうそれだけで自分は落伍者だと思い込む傾向があります。

でも、**そんなときにこそ必要なのは、「別のレールに乗り換えればいい」という発想**なのです。

「大学受験までの最短ルートは1本しかない」と考えるのは大きな間違いです。**戦略次第で、その子にとっての最短距離はいくらでもつくり出せる**のです。

これから中学受験に向かおうとするみなさんには、ぜひ、今のうちからその後のこともしっかり見据えておいてほしいと思います。

必死にがんばってエリート校に入るのは、リスクでしかない

希望どおり、御三家などのエリート校に合格できたとしても、そこに行くことが東大への最短距離になるどころか、むしろリスクになる場合もあります。

「ダメ元でチャレンジしたら、幸運にも合格できた」とか、「追い込み時期に死ぬほど勉強して、見事合格を勝ち取った」というのは、もちろん素晴らしいことですし、それは親にとっても子ども本人にとっても誇らしいことでしょう。

しかし、その後6年間を過ごす環境として、その子にとって本当にふさわしいかどうかはまた別の話です。

当たり前のことですが、エリート校はいわゆる「できる子」の集まりです。必死に勉強してなんとか合格を勝ち取った子がいる一方で、かなり余裕をもって合格している子もいます。

「自分はできる」という自信をもっていた子が、入学した途端に上には上がいることを思い知って、いきなりやる気を挫かれるというのはよく聞く話です。

そこから気持ちを切り替えて、すぐに前を向ける子もいるでしょうが、大学受験までの大事な6年間が、劣等感を募らせるだけの6年間になるというリスクは上位校に行くほど高くなります。

夢見ていたエリート校に受かったら、そこに行くという選択肢以外、親も子も一切考えないというケースが大半だと思います。そのために努力してきたのだから、それは当たり前かもしれません。

しかし、最終的な決断を下す前に、そのような現実を子どもには率直に伝え、**それを踏まえたうえで自分はどうしたいのかを、子ども自身に考えさせる機会を与えておく**ことは非常に重要です。

場合によってはクラスでビリの成績になってしまうかもしれないというリスクは覚悟のうえで、それでもレベルの高い友だちと勉強したい、そこから這い上がっていきたい、という意欲を燃やしてくれれば、それに越したことはありません。

そういう子は、エリート校に行くメリットを大いに享受できる子です。

けれども、なかには「やっぱり、クラスでビリになるのは嫌だ」と考える子もいます。

そういう子を無理やりエリート校に入れてしまうと、つねに不安との戦いになります。不安を抱きながら6年を過ごすのは、とてもつらい経験です。

だったら思い切って、多少ランクが下がったとしても、ほかに合格している別の学校で自信をもって6年間を過ごすほうが吉と出る可能性もあります。本人もそれで納得するのなら、親のほうも腹をくくって、その判断を後押ししてやるべきだと私は考えます。

もちろん、ビリになること自体が悪いわけではありません。ビリとはいっても上位校内での序列なので、他校ではトップの実力があるということもありえます。

問題は、その子がそれをどう捉えるかです。たとえビリでも上位校にいるべきか、他校でトップを狙うべきか、という議論はこれまでも繰り返されてきましたが、その答えは、その子のタイプによってまったく違います。

それを正しく判断できるかどうかは、親がどれだけ子どもの特性を理解しているかにかかっているともいえます。

おそらく塾からは、エリート校に行くことを強く勧められるはずです。

しかしそれは、先述のとおり、そのほうが塾の実績として都合がいいからです。その子のその後の6年になど、塾は関心を向けません。

だから、**塾の意見は参考にする程度に留め、いろいろな情報を集めながら、その子がその学校で実力を存分に発揮できるかどうかを親がじっくり考えてください。**

それは、後で「こんなはずじゃなかった」と後悔しないために、とても重要なことです。

中高一貫校に入れる一番のメリットとは？

中学受験のために「大は小を兼ねる」型の塾に通い、嫌というほど勉強させられた子の多くは、受験が終わると、しばらく勉強からは離れたいと考えます。

中学受験ですべてが決まると錯覚している親ほど、「受験で受かったらたっぷり遊んでいいよ」というニンジンをぶら下げていたでしょうし、頑張ってきた様子を知っているぶん、「大学受験は6年後で高校受験もないし、中1の間くらいはゆっくり遊ばせてもいいか」という気持ちになりがちです。

しかし、**中高一貫校に入れる一番のメリットは、**高校受験のある公立中学に通う子に先んじて、大学受験にむけた勉強を始められること、つまり**「先取り学習」ができること**にあります。

それなのに、そこでのんびり構えてしまったら、6年あるはずの準備期間が、5年、4年と減っていき、せっかくのメリットを生かせなくなってしまいます。

実はかく言う私自身、灘に5番の成績で入学したにもかかわらず、中1の終わり頃には170人中120番まで下がってしまいました。中学受験塾の先生から、「灘に受かったら1年くらいは遊んでていいよ」と言われたのを真に受けて、そのとおりに遊んでしまったからです。

灘は中1の段階で英語も数学も中学の範囲をすべて終わらせるというカリキュラムだったので、遊んでいる場合じゃなかったのですが、私の親も受験に対する知識がなかったので、勉強を後回しにして遊んでばかりいた私をとがめる人がいなかったのです。

つまり、そのような事態を防ぐには、**何のために中高一貫校に行くのかを、親のほうがしっかり理解して、つい気がゆるみがちな子どもに助言をすることが大事**なのです。

「じゃあ、せめて中学に入学するまでは……」という親もいますが、受験が終わった2月から中学に入学する4月まで、勉強時間はほぼゼロ、というのもよくありません。

2か月というのは、中学受験でせっかく身につけたはずの学習習慣が消え去るには十分な時間です。その間、まったく勉強しなかったりすると、その後は1日1時間勉強するだけでも苦痛だということにもなりかねません。

だからこそ、受験後も勉強の習慣を継続させることが大切です。

もちろん、受験の追い込み時期のように、5時間も6時間も勉強する必要はありませんが、1日1〜2時間程度、英語や数学の先取り学習に取りかかれば、4月になるまでに中1の内容をひととおり終わらせることだってできます。

そうすれば、たとえエリート校であっても、余裕をもったスタートが切れるでしょう。それが、**その後の6年間を支える自信の基盤となる**わけですから、明らかに有利なのです。

そもそもの問題は、中学受験だからといって、「嫌になるほど勉強をさせる」こと自体にあります。中学受験の段階で、「燃えつき症候群」のような状態になったり、勉強がすっかり嫌になってしまうとしたら、受験は逆効果だったということにもなりかねません。

私が、できるだけ「効率的」に勉強させることや、中学受験ではその子の能力や特性を生かして無理なく合格を勝ち取れそうな出題傾向の学校を選ぶことが大切だと考える理由は、まさにそこにあるのです。

量の面でも内容の面でも、嫌になるような勉強を強いることでしか合格できないような学校を選んでしまうと、一時的に根性は鍛えられるかもしれません。

しかし、「勉強＝苦しいもの」というイメージを植えつけ、「勉強嫌い」という最悪の副産物を生み出してしまう可能性もあるのです。

もちろん、どのような受験生活を送ったとしても、中学受験というのは11～12歳の子にとって大きなプレッシャーのかかるチャレンジであることに変わりはありません。

合格したら、しばらく解放感に浸りたいという子どもの気持ちも、そうさせてやりたい親の気持ちもよくわかります。

しかし、多少の余力が残っていれば、あともうひとがんばりさせるのはそう難しいことではありません。それは、**中高の6年間をスムーズにスタートさせるためにとても有効な**のですから。

それもあって私は、**受験の合格旅行は中1の夏休み以降に行くのがいい**と思っています。

子どもが喜ぶニンジンを、少しだけ先に置いておく――こういうちょっとした技も、子どもをやる気にさせる秘訣なのです。

中高6年間には、大きな「伸びしろ」がある

実は私は教育アドバイザーとして、福島県の浜通りで2007年に設立された磐城緑陰中学・高校という、地域で初めての中高一貫校のカリキュラム監修をしています。

受験科目は国語、算数、理科、社会の4科目で400点満点ですが、その地域には中学受験塾が1つもないので、入試ではサピックスなら小学5年生の初めくらいには解いているような問題を出題しています。

しかも、トップで受かる子の点数は300点前後ですが、合格最低点は100点なので、入学時の生徒のレベルはお世辞にも高いとはいえません。

中高一貫校としての歴史がまだ浅いので、90人の定員に対して16~18人程度しか生徒が集まらないという現状もありますが、そのぶん一人ひとりにきめ細かい指導ができるとい

うメリットはあります。教師の目が行き届くので、いじめなどの問題もほとんど起きていません。

中学受験塾に行っていない彼らにはまず、中1の1学期を丸々かけて、中学受験用の算数の問題集と読解の問題集をやってもらうことにしています。

そうやって基礎学力をしっかり身につけてから、先取り学習を開始するというカリキュラムになっています。

その結果、1期生（2013年度）18人の卒業生のうちの1人は東北大学に合格しました。同級生のなかでは下から2番目の成績だった子も、茨城大学に合格しています。

これまで6期生までが卒業しており、近年は福島県立医大にはほぼ毎年合格者を出しています。16人の卒業生のうち、4人が慶應義塾大学の現役合格を果たした年もあります。

東大の合格者はまだ出ていませんが、模試では東大のB判定を出せる子が毎年のように出ていますので、初の東大合格者を出す日もそう遠くないと私は考えています。

入学時の偏差値は、東京でいえば30もいっていない（サピックスの小5にも入れないレベル）だと思われるなか、この結果は十分に誇れるものです。

たとえスタート時の学力が飛び抜けて高くなくても、**中高の6年間の学び方次第、過ごし方次第で、これだけの成果を出すことはできる**のです。

東大に入るための手段は、いくらでもある

ご存じの方も多いでしょうが「鉄緑会」とは、東大受験指導を専門とする塾です。毎年、多くの東大合格者を出している実績は申し分なく、そこが名門塾であることには私も異存はありません。

ただし、鉄緑会は誰でも入れる塾ではありません。入塾できるのは、開成、桜蔭、筑駒、麻布、駒東などの13の指定校に通っている子、または厳しい入塾テストに合格した子だけです。

そのため、エリート校に合格できなかった子が「最後の砦」だと言わんばかりに入塾テストに何度も挑戦したり、なかにはわざわざ鉄緑会の「入塾テスト対策の塾」に通う子までいるそうです。

当然ながら、東大に入るためには必ず鉄緑会を経由しなければならないわけではありません。

東大合格が目的なら、そこで足踏みしている時点で、すでに最短距離だとは言えなくなっていますし、もしそこまでやっても結局入塾が果たせなかった場合、「もう自分には東大合格の道は閉ざされた」とすっかり落ち込んでしまうかもしれません。

さらに言えば、「超」がつくほど優秀な子たちの集まりなので、苦労して入ったものの、早速落ちこぼれるという可能性だってあります。

そういう子は、エリート校にも落ち、やっと入った鉄緑会でも落ちこぼれるというダブルパンチを受け、今の自分の東大合格の可能性がどんどん下がっていくような不安を感じながら、苦しい毎日を送らなくてはならなくなります。

しかし、それでも「鉄緑会をやめる」という決断はなかなかできません。鉄緑会をやめてしまったら、東大合格がさらに遠のいてしまうと思い込んでいるからです。

繰り返しになりますが、東大に入るのが目的なら、手段はいくらだって選べます。鉄緑会がどんなに名門でも、それはあくまでも選択肢の一つにすぎないのです。

そこに通うことが最短距離である子どももちろんいますが、全員がそうだというわけではありません。**その子にとっての最短距離は、別のルートかもしれない**のです。


「東大合格」という目的のためには、エリート校や名門塾に入るべきだと思い込んでいる人を見ていると、対人恐怖症の典型的なパターンを思い出します。

次は、赤面恐怖症の患者さんと精神科医とで、教科書に出てくるような診察場面です。


「自分は顔が赤いから、人前に出られないんです。だから先生に、私の顔が赤いのをなんとかしてほしいんです」

「なんで顔が赤いのがまずいんですか？」

「だって、みんなに嫌われちゃうじゃないですか。こんな赤い顔じゃあ、みんなにも嫌な思いをさせてしまいますよ」

「ということは、ひょっとして、あなたは人に好かれたいのですか？」

「はい、みんなに好かれたいんです。でも、こんなに赤くちゃダメ。だから、治してほしいんです」

「僕はたぶんやぶ医者だから、あなたの顔が赤いのは治せません。でも、長年精神科医をやっていますから、顔が赤くても人に好かれる方法を一緒に考えることはできますよ」

「そんなこと、できるわけないじゃないですか」

「だって、顔が赤いけど人にものすごく好かれている人は、何人も知っていますよ。それに、顔は赤くないのに人に嫌われている人は、もっとたくさん知っています。

だから、『人に好かれたい』というのが目的なら、たとえ顔が赤くても、もっと愛想よくするとか、ニコニコするとか、話術を磨くとか、そういう方法を一緒に考えましょう」


この患者さんは、人に好かれるためには、顔の赤さを治さなくてはいけないと思い込んでいました。でも、それは手段と目的の混同です。

つまり、顔の赤さにばかりこだわって、人に好かれる努力をしなければ、仮に顔の赤さが解消されたところで、人に好かれるという保証はどこにもないのです。

つまり、東大合格という目的のためにエリート校や名門塾に入るという手段にこだわるのは、人に好かれるという目的のために顔の赤さを解消するという手段にこだわっていたこの患者さんと同じです。

手段にこだわりすぎると、いつの間にかそれが目的になり、本来の目的を果たすには別の方法もあるということに意識が向かなくなってしまいます。

東大に入るために、御三家に入らなければいけない、鉄緑会にも入らなければいけない――というプロセスにいちいちこだわるから苦しいのです。

でも、**東大に入るという結果だけにこだわるのであれば、その方法はいくらだってあります。**

親が塾に資料請求もしないのは、ただ手を抜いているだけ

6年後の大学受験対策を目的に塾に通うとしても、その選択肢はさまざまです。

「鉄緑会」を筆頭にレベルの高い塾はたくさんありますが、どのような塾があって、それぞれのカリキュラムにはどのような特徴があるのかといった情報をできるだけ集め、その

子にぴったりの塾を選ぶことは、中学受験のときと同様に大事です。

私は、「和田塾緑鐵舎《りょくてつしゃ》」という塾を経営しています。

少人数の塾でしたが、1学年7人中5人は現役で東大に合格し、残りの2人も1浪後に東大に合格した年がありました。

つまり、7人全員を東大に合格させた、つまり「東大合格率100%」という実績をもっているのです。客観的に見ても、これはものすごいことではないでしょうか。

それなのに、その年ですら「和田塾緑鐵舎」に興味をもって、問い合わせをしてくれるような親は驚くほど少ない。中学受験の合格者を対象にした説明会には、20人も集まってはくれませんでした。

大手塾ではないので、大々的に宣伝できるわけではありませんし、確かに知名度は低かったかもしれません。でも、合格発表の日にチラシも配りましたし、ホームページも開設していました。

情報を貪欲に求めようとする親であれば、「東大合格率100%の塾がある」という情報を見つけられないはずはないのです。

もちろん、どんな塾にもメリット、デメリットは必ずあります。だから、私の塾こそがベストだと言いたいわけではありません。

しかし少なくとも、これだけの結果を出しているのですから、候補の一つとして検討する価値は十分にあると思うのです。子どものタイプによっては、鉄緑会より私の塾のほうがハマる可能性だってあるはずです。

有名な塾に入れることしか考えず、「もっといい塾があるかもしれない」という発想さえもたず、**問い合わせや資料請求もしないという親の態度は、私に言わせれば、手抜き以外の何物でもありません。**

そのような世の中の親たちの態度にすっかり嫌気がさしてしまい、結局その塾は東大向けをやめて、今は発達障害の子どもの学力を伸ばす方向に変えました。

ただ、「緑鐵受験指導ゼミナール」(http://www.ryokutetsu.net/)という東大や医学部、早慶などの名門大学への合格を目的とする通信教育は今も行っています。

高校生、受験生クラスのほか、中高一貫のクラスもあります。入会時には学力チェックを行い、その子に合ったスタートラインを設定します。

また、志望校大学の過去問と合格最低点から逆算し、その子の能力に応じた戦略的なカリキュラムを組みますので、非常に効率的に勉強を進めることができます。

偏差値が50を切るような子には、3科目に特化した宿題を出して早慶ならかなりの確率で受かるし、できる子にはできる子のカリキュラムも組みます。

8年くらい前には、現役で東大の理科Ⅲ類にトップで合格した子もいます。その子は富山県の名門予備校のない地域出身です。鉄緑会に行かないどころか、塾にもまったく通わずに東大の理Ⅲにトップ合格する子もいるのです。

毎月通信欄で担任の東大生とやり取りする仕組みもあり、それが東大生を身近に感じる機会にもなります。なので、特に地方に住んでいて受験情報が集めにくいお子さんにはかなりおすすめだと自負しています。

また、スポーツなどに打ち込んでいて、塾に通うのが難しいお子さんがレベルの高い学習をするのにも向いています。

もちろん、塾に通って仲間と切磋琢磨したい子には通信指導では物足りないでしょうし、こちらも誰にとってもベストだとは言いません。

とはいえ、いい情報の一つであることは確かなので、手前味噌であることは承知のうえで、ここでご紹介させていただきました。

「生きる力」を身につけさせたいなら、あえて過保護になったほうがいい

塾でいい成績が取れなかったら、もっとその子に合った別の塾を探す。

勉強の成果が上がらないようなら、さまざまな勉強のやり方を試させてみる。

その子の能力や特性に合った志望校を、幅広い選択肢の中から探す。

上位校は無理だと判断したら、別の学校で学ぶことも検討する。

上位校に合格したとしても、その学校で6年間を過ごすことがベストなのかをじっくり考える。

――中学受験、あるいは中学生活をスタートするに際しては、このような親の姿勢が大事であると、ここまで述べてきました。

そのような親とともに受験生活を送ってきた子どもは、「やり方を変えれば結果も変わる」「目標を達成する方法はいくらでもある」「みんなにとってのベストが自分にとってのベストとは限らない」ということを、経験的に知ることができます。

そこで得られるのが、**「難しそうに見えることも、戦略次第でなんとかなる」「ダメなら別の道もある」**という価値観です。

このような考え方で、与えられた問題に取り組む力こそが、**本当の意味での「生きる力」**なのだと私は思います。

つまり、私がここまで述べてきたような親の関わりによって、子どもの「生きる力」を育むことができます。だからこそ、**それをやらないことは「ネグレクト」に等しい**のだと私は本気で思っているのです。

「親があまりに関わりすぎると、子どもの自立を阻んでしまう」と心配する人がいますが、それは誤解です。

親の関わりによって子どもの自立が阻まれることがあるとしたら、それは親自身の「かくあるべき」を子どもに押しつけたときです。

私が必要だと考えるのは、「子どものためにいろいろな情報を探し、いろんなことを試させる」という関わり方です。

いろんなことを試させることと、子どもを型にはめることとは全然違います。

一見、子どもと距離をおいているように見せかけて、情報をろくに集めもせず、別の方法を試しもせず、自分の思い込みだけで選んだ学校や塾にすべてを丸投げしてしまう親のほうがむしろ、自分が「かくあるべき」と考える型に子どもをはめこみ、その自立を阻んでいるのです。

なかには、すべてを子どもに丸投げすることで自立させようと考える親もいて、そういう人は「情報集めまで親がやるなんて過保護だ」と言うかもしれませんが、私はそうは思いません。

日本では「過保護」を問題視しますが、私がアメリカにいた頃は過保護がいけないという話は聞いたことがありません。**アメリカでは、子どもの可能性を広げるためにとことん手をかけ、どんな努力も惜しまない親のほうが周囲に評価される**ものなのです。

子どもの「自立」を言い訳に、やるべき努力を怠る「手抜き親」に育てられれば、子どもは生きる力を失います。

子どもに生きる力を身につけさせたいなら、あえて過保護になることのほうがずっと大事だと私は思います。

苦手科目を克服するより、得意科目を徹底的に伸ばす

一方、大学受験においては、「一見難しそうなことも、戦略次第でなんとかなる」という姿勢をもつことが非常に有利です。

大学受験に勝つための基本的な戦略は、「合計点で受かる」という割り切った発想をもつことです。偏差値は指針にはなりません。

大学受験というものは、志望校の「合格最低点」をクリアするという、極めて単純な仕組みです。つまり、**今の実力とその合格最低点とのギャップをいかにして埋めるかという戦略を立てて取り組めば、大概の大学は受かる**と私は思っています。

6年計画であれば、さらにその可能性も高まるでしょう。

東大の入試問題はもちろん難易度が高いのですが、そのぶん合格最低点が低い傾向があります。だから、実は戦略も立てやすいのです。

つまり、**「一見難しそう」だけれど、「戦略次第でなんとかなる」のが東大**なのです。

たとえば、理系の二次試験は440点満点ですが、センター試験で9割以上の点数が取れていれば、理Iと理IIなら240〜250点以上取れば合格できます。大学入学共通テストも、記述式問題や英語の民間試験が先送りになったので大きな変化はないでしょう。

つまり、二次試験だけで考えると、この240〜250点の合格最低点をクリアするための戦略を考えることになるわけです。

世の中の塾は、まんべんなく実力をつけるべきだと言い張り、そのせいで受験生は不得意科目の克服ばかりに意識が向きがちです。だから、受験勉強がつらく苦しいものになるのです。

でも、「合計点で受かる」という発想をもてば、たとえば苦手の英語が足を引っ張って合格最低点まで20点くらい足りないという場合でも、英語で挽回しようとせずに、得意の数学のほうで20点稼ぐという作戦を立てることができます。

第2章で、「得意科目であれば、理解もしやすく勉強も苦しくないので、得点が一気に伸びる可能性が高い」という話をしましたが、それは大学受験にも言えることです。

そのぶん、精神的な重圧がぐっと軽くなるというメリットもあります。

実は、女子学院に通っていた私の上の娘は、高2の1年間、アメリカのボーディングスクールに留学したので、英語はかなり得意でした。

東大を目指していたので、私は自分の通信指導で受験勉強をさせたかったのですが、本人がどうしても嫌だというので、仕方なく塾に行かせることにしたのです。

娘の様子を見ていると、塾では苦手の数学や国語の勉強ばかりしているようだったので、私は「英語を満点が取れるくらいに伸ばしておけば、ほかの科目が悪くても合格できるよ」とアドバイスしましたが、難しい年頃でもあったので、あまり聞く耳をもちませんでした。

結局娘は、わずか8点が足りなくて合格することはできませんでした。フタを開けてみたら、得意なはずの英語で120点満点中、70点くらいしか取れていなかったのです。

数学はまあまあでしたが、国語の点数は結局伸び悩んでいたことを考え合わせれば、やはり、英語にもっと磨きをかけるべきでした。そのほうが本人の負担だって少なかったはずなのにと、私は悔やんでも悔やみきれませんでした。

勉強法が間違っていると思ったときに、もっとしつこく娘と話し合うべきだったのです。

偉そうなことを言っているわりに、自分こそ手抜き親ではないかと言われたら、返す言葉もありませんが、その苦い経験があるからこそ、本書をしたためているわけです。

ただ、それを反省して、受かったほうの大学では法律が得意だったので、浪人をさせずにそれに専心させて、東大の法科大学院に合格するという道を選ばせました。英語が得意なので、企業内弁護士として活躍する姿を見てほっとしています。

なお、一人ひとりの得意科目、苦手科目に合った戦略を立てる私の通信指導でも、**苦手科目の克服より、得意科目を徹底的に伸ばす**ことを優先しています。

そのような方法なら、必要以上に自分を追い込む必要はありません。受験勉強なので、楽しいとまでは言いませんが、少なくとも、ただ苦しいだけの受験勉強にはならないはずです。

しかも、結果にもつながるのですから、いいことずくめのやり方だと思います。

勉強は、できるだけ「効率」を追い求めたほうがいい

さて、中1の終わり頃には、170人中120番まで成績が下がった私ですが、高2の終わりくらいには、東大向けの模試では学年で5番以内に入れるところまで回復しました。

勉強をする気になったのは、成績が低迷した反動というより、医者になるという目的ができたからです。

当時の私は映画監督になるのが夢だったのですが、映画会社の助監督試験がすべて廃止

されてしまい、こうなったら必要な資金を得て、自分自身で映画制作をしようと考え、その手段として医者になることを決意したのです。

もちろん、サボっていた勉強を始めたからといって、すぐに成績が上がったわけではありません。

でも、1つの単元につき10個くらいの解法パターンを暗記しておいて、問題を解く「暗記数学」を編み出してからは、数学の成績が飛躍的に伸びました。

勉強法を変えれば結果が変わることに気づいた私は、ほかの科目でも勉強法を工夫するようになったのです。

「東大理Ⅲ合格」という成果も挙げた私の勉強法は、『受験は要領』という著書にもまとめましたが、手抜きだと批判したり、バカにしたりする人もいます。

確かに、東大の合格最低点を取るためには勉強法の工夫が必要だった私は、それを必要としない〝秀才〟の人たちより頭が悪いのかもしれません。それでも、東大合格という同じ結果を出しているのは事実です。

しかも私は、勉強を効率化したことで生まれた時間を利用して、高校3年生のときですら、大好きな映画を年間300本は見ているのです。
一方、勉強の効率化を手抜きだと批判する優等生は、おそらく私の3倍くらいの時間をかけて勉強しているはずです。1秒でも長い時間を勉強に費やし、黙々と努力する根性型の勉強こそが、彼らにとっては〝正しいやり方〟なのです。

別に、どちらが良くてどちらが悪いと言いたいわけではありません。優等生には優等生のやり方があって当然です。
でも、みんなが優等生にとっての〝正しいやり方〟で結果を出せるわけではありません。「根性型」で成功してきた親ほど、同じやり方を子どもにも押しつける傾向がありますが、何度も言うように、その子が結果を出せないのなら、別のやり方もあるのではないかという発想をもつべきだと私は思うのです。

もちろん、何事にも合う人、合わない人がいます。私の勉強法は試す価値はあると自負していますが、すべての人に必ず合うなんていう大それたことは微塵も思っていません。

どうやら、私の勉強法で失敗したという人たちが「和田秀樹被害者の会」などというものをつくっていて、その会員数が６００人もいると騒ぎ立てているようなのですが、合わない人がいるのは当然のことです。

ただ、自分の名誉のために言わせてもらうと、私の受験勉強法の本は３００万部売れています。３００万人のうち、合わない人が６００人であるなら、むしろ少なすぎるのではないでしょうか。

それはともかく、大事なのは、私のやり方に限らず、いろいろな勉強法を試すことです。

ただし、一つ言えることは、やり方は私と同じでなくても、やはり**勉強はできるだけ効率を重視することを考え、中高の貴重な6年間に、いろいろな経験をしておいたほうがあとの人生が豊かになる可能性が高い**ということです。

私の本業は精神科医です。しかし、それと並行して、教育アドバイザー的な仕事をしたり、通信指導の会社を経営したり、映画を撮ったり、こうして本を書いたりと、いろいろなことをやっています。

そんな今の自分があるのは、受験に際し、勉強法を工夫したことで生まれた時間で、たくさんの映画を見るなど、いろいろな経験をしたおかげだと思っています。

もういい加減、努力を美徳とする根性型の勉強からの脱却を図るべきときです。

最近は「働き方改革」の重要性が叫ばれていますが、改革が必要なのは勉強法も同じではないでしょうか。

「高校はどこに入ってもいい」と割り切るのも一つの手

中高一貫校に通っていれば、中学からの6年間を大学受験の準備に充てられますが、公立中学校に通っている子は、その前に「高校受験」というハードルがあります。

とはいえ、基本的には**高校受験も中学受験と同様に、大学受験に至るまでの一つの通過点に過ぎません。**

だから、「この学校に行かねばならない」という思い込みは捨てて、**大学受験という本**

来の目的から見て、その子にふさわしいルートはどれか、という柔軟な発想が必要です。

特に地方の場合、いい大学に行くためには、地域で一番レベルの高い公立の進学校を目指すのが当たり前だと思われていますが、必ずしもそれがベストであるとは限りません。公立高校の入試の場合、中学校から提出される「内申点」が大きな比重を占めるケースが多いのですが、なかにはそれがネックになる子どももいます。

なぜなら、今の内申点の評価は**「観点別評価」**だからです（詳しくは、第5章でお話しします）。仮にペーパーテストで満点を取っても、教師から見て意欲的でない、態度が悪いと見えたら、5段階評価で3がついてしまうことがあるのです。

これでは四六時中、教師の目を気にしていなければならず、学力を上げることだけに集中などできません。

もちろんなかには、天才的に人に好かれる才能を持った子もいます。そういう子は、そのシステムをうまく利用するのも一つの手かもしれません。

しかし、特に教師の言うことより自分のやり方を貫こうとする、いわば灘時代の私のようなタイプの子は、教師の観点別評価というシステムはかなりのストレスであるうえ、いい結果が出せる可能性は極めて低いでしょう。

観点別評価という武器を振りかざすような学校は、受験の敵になることさえあると思います。

そのような、観点別評価がネックになるタイプの子の場合は、学力をつけることに集中できる入試システム、つまり内申点の比重をあまり高くせずに、当日の学力テストの一発勝負に近い形にしている学校を選ぶほうが、仮に多少ランクは下がったとしても、長い目で見ると得なのではないかと思います。

余計なことは気にせずに、中学生のうちにしっかり学力を伸ばしておけば、大学受験という目的において非常に大きな意味を持つからです。

さらに極端なことを言えば、**大学入試は戦略次第で必ず攻略できるので、勉強できる環境さえあれば、高校はどこだってかまわない**のではないかとさえ思います。

子どもの数は減っているので、トップ校にこだわらなければ、どこかしらの高校には必ず受かるわけです。だから、もうここは思いきり大学受験のほうに舵を切って、高校は入れるところでよい、あるいは単純に学校生活を楽しめるところでよい、という極端な割り切りをするのも悪くはないでしょう。

そうすれば、中高一貫校の生徒と同じように、中学時代に高校の先取り学習に着手する余裕も出てくるかもしれません。

また、たとえば地元では一番の高校でも、地元の国立大学合格に基本的な照準を合わせているようなら、東大を目指す子にとってはあまりメリットはありません。

それだったらむしろ、レベルはそう高くはなくても、宿題が一番少ない学校を選べば、自分自身の勉強に集中できます。

それはあまり現実味がないと考えるかもしれませんが、決して夢物語ではありません。

私の受験勉強本を読んだことがきっかけで、自分なりの勉強法を工夫し、岐阜県のある公立高校からその高校始まって以来、初の東大合格者になった人もいます。

それが、コミュニケーションやリーダーシップという分野での講演など、幅広く活躍されていて、『99%の人がしていないたった1%の仕事のコツ』（ディスカヴァー・トゥエンティワン）という著書がベストセラーになった河野英太郎さんです。

彼がずっと貫いているテーマは、「仕事の効率化」です。つまり、**受験勉強中に自分の手で培ったスキルが、その後の生き方にも大きな影響を与え、その成功を支えている**のです。

少なくとも、学力試験突破のために必要なのは、学校の助けではなく、自分自身の戦略です。

灘からたくさん東大合格者が出るのも、灘という学校の力だけではありません。自分自身の戦略が立てられる生徒が集まっているせいなのです。

私の通信教育でも、学校の宿題をないがしろにして、志望校合格のための宿題をきちんとやった子のほうが東大や医学部にたくさん合格しています。

「東大に手が届きそう」と思わせるために、親ができることとは？

灘という学校からたくさんの東大合格者が出るのには、別の理由もあります。それは、東大というものが身近にあることです。

同じ学校に通っていた親しい先輩たちが東大に受かっていくのを見て、「あの先輩でも東大に受かるのなら、自分も受かるのではないか」とごく自然に考えていました。

東大を知らない人ほど、東大へのハードルを上げてしまいがちです。

なので、**子どもに東大への興味を抱かせたいなら、東大を身近に感じる環境をつくってやることも大事**だと思います。東京に住んでいる人なら、東大生が教えている塾に通わせるのを、候補の一つにするのもいいかもしれません。

私の通信教育でも、地方にいる受験生と東大生が手紙のようなものをやり取りすることで、東大生を身近に感じさせる工夫をしています。

また、東大に対して、あまりにも手が届かない場所という印象を与えるような話し方や、逆に、東大を出た人を「頭がいいだけで使えない」などとやたら批判することも、子どもを東大から遠ざけます。

東大を出ていても使えない人がいることは確かですが（後の章でお話しします）、そういう批判は子どもが寝てからにして、子どもには頭がいいことはカッコいいことだと思わせておくほうが、子どものモチベーションを無駄に削がずにすむのです。

実は私の父の従兄弟は、3人兄弟そろって東大に合格しました。

ところが、裁判官をしていたその3人の父親は、ほかの親戚を見下すような態度を取るところがあり、親戚中から嫌われていたのです。

それでも、私の父と母は、「あの家は、子どもがみんな東大だなんてすごい」と、いつもその人のことを褒めちぎっていて、だから私も弟も「東大に入るというのは、すごいことなんだ。だったら自分も」と考えるようになりました。

結局、私と弟は東大に行きましたが、その親戚の悪口ばかり言っていたほかの家からは、東大生は1人も出ていません。

この事実は、「子どもの頃に抱く東大のイメージによって、子どものモチベーションは変わる」ことを示しているのではないかと思います。

このようなことは、もっと広い単位でも起こっています。

群馬県は、かつては高崎高校と前橋高校が毎年40人くらいの東大に合格する県でした。しかもその中から、中曽根康弘氏や福田赳夫氏などの後世に名が残るような、秀才と呼ばれる人も輩出していたのです。

ところが、東大に合格していない二世ばかりが国会議員に選ばれるようになると、関東7県で最も東大合格者が少ない県になってしまいました。

これと同じことは、かつては佐藤栄作や岸信介氏という東大卒の大秀才を輩出した山口県でも起こっています。

東大卒よりも小学校からエスカレーター式で大学に進学する人が県でいちばんの政治家になった頃から、山口県の子どもの学力は徐々に下がり、中国地方でもっとも東大生を生まない県になっています。

つまり、身近に東大の存在があるか、東大生に子どもの頃から憧れをもつかどうかは、子どもの将来の学力に少なからず影響を与えているのです。

実際のところ、東大の合格者は毎年3000人強です。東大に行くような人は、そもそも頭の出来が違うなどと決めつけがちですが、そういういわゆる天才はごく一部です。

そこを本気で目指し、**自分に合ったやり方を見つけ、有効な戦略さえあれば、3000人のうちの1人になることは、多くの人が考えるほど高いハードルではありません。**

それが決して越えられないハードルではないと感じさせられるかどうかは、その子が抱く東大のイメージや、それとの距離感、そしてたとえ根拠はないとしても、「やり方次第で自分にもできる！」という自信にかかっているのです。

なぜ、東大卒のエリートは自殺するほど追い詰められてしまったのか？

サピックスの最上位クラスを経て、御三家の一つの中高一貫校に通うかたわら、鉄緑会に通い、東大に現役合格――。

そんな受験エリートには、逆に身についていない力もあります。

それは、**目的を果たすために、自分なりのやり方を考えたり、工夫したりする力**です。

中学受験の勉強がうまくいかないときに、別のやり方を試してみる。

第一志望の中学に合格できなかったから、軌道修正をする。

このままでは、東大の合格最低点には届きそうにないから戦略を考える。

スムーズにエリート道を歩んできた彼らは、そういう経験を積んでいません。塾や学校の先生の言うとおりにやってみたら、それで難なく結果を出せたので、「別の方法を試す」必要がなかったからです。

その結果、**与えられたことしかできない、あるいは、しない人間になってしまう危険性は驚くほど高い**のです。

前述したとおり、受験勉強とは、スタート時の学力と志望校とのギャップを、いかにして埋めていくかという作業です。

成績が伸びなかったり、うまくいかないことがあるからこそ、別の方法を試し、そのなかから、自分がもっとも力を発揮できる方法を見つけ出し、それを実践しようとします。

合格までの見通しが良くないと考えるからこそ、それを打開する戦略を考えます。

そうやって状況を改善させながら、結果に近づける――受験勉強とは、これの繰り返しなのです。

そしてこの経験によって、**うまくいかないことを乗り越えるためのソリューションを求める力、まさに「生きる力」が身につく**のです。

ずっとエリートコースを歩んできた人が、たった一度の挫折でうつになってしまったり、自殺するほど追い込まれてしまうことはよくあります。

そんなとき、世間では「あの人は、挫折を知らなかったから」という評価をしがちなのですが、挫折の経験がないこと自体が原因ではないと私は考えます。

そういう人に欠けているのは、**「こっちがダメなら別の方法もある」という、オルタナ**

ティブ（代替手段）の発想です。

つまり、いわゆる「王道」というたった1本のレールの上だけを歩んできたせいで、思いがけずそのレールから外れた瞬間に、普通の人には想像できないほど絶望してしまうのです（これについては、第4章で詳しくお話ししていきます）。

けれども、本当は、どんなゴールを描くにしても、レールは一つではありません。**受験という経験において、うまくいかないことを何度も乗り越えた子ほど、別のレールを見つけ出す力が磨かれます。**

だから、そういう子は社会に出ても強いのです。

そういう意味では、中学受験で思うような結果が出せなかったり、受験勉強がスムーズに進まない子ほど、受験という経験によって大きく成長するとも言えるでしょう。

第4章
東大を出て使える人間になる人、ダメ人間になる人

「東大合格」が人生のゴールではない

当然のことですが、東大に合格することは人生のゴールではありません。

もちろん、東大に入ること、東大を出ることだけに、大きな価値があるわけでもありません。

ただ、東大が入学時の偏差値が日本でもっとも高い大学であることは誰もが知るところであり、日本でもっとも優秀な人間が集まっている場所という認識が一般的です。

東大に合格すると、周りから「すごいですね」と言われる機会も増えますし、私自身、高校球児が甲子園に出るくらいのすごいことを成し遂げられたと感じていました。

最難関と言われる理Ⅲに合格できたので、甲子園に出場する選手の中でもドラフトの目玉になるような選手のような位置にいるのではないかという自負もあったと思います。

周りの人から見れば、単にうぬぼれているだけだと思うかもしれません。

けれども、東大を卒業して30年以上経つ今、それこそが東大に合格したことで得られた最大のメリットだったのかもしれないとつくづく感じています。

私の場合は特に、戦略的に東大合格を果たしたので、「そんなに頭がよかったとは思えない私が合格できたのは、やはりやり方がよかったせいだろう」という確固たる自信を得ることができました。

だから、その後も現実的な成功の設計図を描き、それを実現させることもできたのです。運が味方してくれた面もあるにせよ、どちらかというと、**成功したほうの部類の人間になれた源には、東大合格で得た自信がある**と感じています。

もう一度言うと、「東大卒」という肩書き自体に、大きな価値があるわけではありません。**そこに身を置いたという自信こそが、その後の人生の大きな原動力になる**のです。

東大生にも、「優等生型」と「戦略型」がいる

東大に受かる人は、2つのタイプに分かれると私は思っています。

1つは、学校や塾での勉強がぴったりはまって、ずっと優秀な成績を維持したまま、東

大合格まで勝ち取る「優等生型」（先生や塾の言いなり）の東大生です。多くの人が抱く東大生のイメージそのものだと言ってもいいでしょう。

彼らは、学校や塾から与えられた課題を言われたとおりにやるだけでも結果が出せた人たちです。受験というものは、そういう優等生ほど受かる仕組みになっているので、優等生が受験に勝つのは当たり前で、実際、東大の合格者の大半はこのタイプです。

ただ、全体の3割くらい、それとは違うタイプの人がいます。

それが、かつての私のように、やり方の工夫で合格を勝ち取った「戦略型」（自分で考える）の東大生です。彼らは必ずしも優等生ではないですが、自分流の勉強法を工夫したり、受験の仕組みを研究したりしたうえで受験に挑み、結果を出した人たちです。

しかも、その多くは、優等生型東大生の3分の1くらいの労力で、同じ結果を出しています。書店にたくさん並んでいる「東大生の勉強法」なる本を書いているのは、こちらのタイプだと思って間違いありません。

目の前にある難しい問題を確実に解くことで合格を手に入れようとするのが前者のタイ

プだとしたら、後者は**その問題が解けなくても東大に入る方法を編み出そうとするタイプ**です。

そして実は、こういう戦略型の学生が全体の3割もいるからこそ、東大というのは面白いのです。

「戦略型東大生」がもつ強みとは？

井川意高氏（東大法学部卒）と堀江貴文氏（東大文学部中退）は、共著『東大から刑務所へ』（幻冬舎新書）の中での対談で、「東大なんて、受験勉強のテクニックで誰でも受かる」という共通の持論を語っています。

つまり、彼らも明らかに「3割」のほうに属する戦略型の東大生だったのです。

井川「学校（東大への高い合格率で知られる筑波大学附属駒場中学校・高等学校）の授業では、教師が趣味みたいな内容の授業で好き勝手やっていて、東大に入るための受験勉強は自分でなんとかするしかなかった」

堀江「ウチの中高（東大、京大のほか、難関といわれる九州大学医学部に多数の合格者を輩出する福岡県の久留米大学附属高校）では、トップクラスのやつが6年間勉強ばかりしてるわけですよ。なんでこんなに長い時間勉強ばかりやっているのか、僕には意味がわからなかった」

このような発言からは、2人がともに、自らが編み出した「テクニック重視」「効率重視」の受験勉強に徹していたことがうかがえます。

ご存じのように、井川氏は会社法違反の容疑で、一方の堀江氏も証券取引法違反の容疑で共に逮捕され、刑務所に収監されるという壮絶な経験もしています。だからといって、彼らが人生を投げ出したり、諦めたりする様子は微塵もありません。

特に堀江氏は、逮捕前から描いていた「宇宙にロケットを飛ばしたい」という夢の実現を、本人曰く「大きく舵取りが狂ってしまった」なかでも模索し続け、2017年7月には「ホリエモンロケット」を宇宙に向けて発射しています。

残念ながら実験は失敗してしまいましたが、本人が語るように、「ホリエモンロケットが宇宙に飛び立つ日はそう遠くない」と私も思います。

前出の『東大から刑務所へ』のあとがきで、堀江氏はこんなふうに語っています。

「東大から刑務所へ堕ちた僕の人生は、不運であったと思う。だが、僕の人生が不幸だと決まったわけではない。たとえひとたびつまずいて転んだとしても、人間は再び立ち上がれる。これからの人生を通じて、僕はそのことを身を持って証明していく。」

これこそ、**王道だけを歩んでいた優等生にはない「オルタナティブ」の発想**です。

つまり、予定していた道から外れたとしても、「それですべてが終わるわけではない」「別の道で行けばいい」と考え、自信をもってそれを実践し、本当に別の道からゴールに到達できる——これが、**工夫を凝らした勉強法で合格を勝ち取った、戦略型の東大生がもつ強み**なのです。

「頭はいいけれど使えない」東大生が生まれる理由

これに対し、与えられたことだけをやって結果を出した優等生型の東大生は、「言われたことを真面目にやるのは得意だけど、予定外のことやトラブルに対処できない」という欠点があります。

優等生型の東大生は、コツコツ真面目に勉強するという経験は十分に積んでいるので、努力は惜しみません。

ただし、無駄な努力なしに結果を出すような工夫は、あまり得意ではありません。これは、学校や塾の先生に言われたことを真面目にやれば結果が出たため、工夫する機会がなかったせいです。

幸か不幸か、うまくいかないことがなかった彼らは、うまくいかないことをうまくいかせるにはどうすればいいかなど、考える必要はなかったのです。

しかし、**ひとたび社会に出ると求められるのは、真面目さや努力より、間違いなく工夫**

や効率化です。だから、優等生型の東大生は、「頭はいいけれど使えない」と言われるタイプの人間になりやすいのです。

さらに、なまじ結果が出たがゆえに、学校や塾の先生の言うことに疑問をもったり、反発した経験がない人も多く、そのせいで**「上の言うことは絶対だ」という発想に陥りがち**です。

東大を出て、「超」がつくほどのエリートコースを歩みながら、「上に従うことこそが正しい」と思い込み、「忖度《そんたく》官僚」と揶揄された挙げ句に失職するような人が出てきてしまうのはそのせいです。

優等生型の東大生が、その後もエリートコースに進む可能性は確かに高く、それに乗っている限りはその能力を発揮します。

しかし、人生というのは思わぬことが起きるもの。ひとたびそこを外れたときに、**「王道」以外を知らないエリートは、そこから這い上がることができません。**

普通に、「別の会社に移ろう」とか「自分で会社を興そう」とか、あるいは「仕事はほどほどにして、趣味に生きる人間として生きていくのは悪くない」など考えてもおかしくないのに、ただ一つの道だけが正しいと思い込む彼らは、別の選択肢を自らに提示することができない。

だから、命を断つほど絶望してしまうという、第3章でもお話ししたような、「優等生の悲劇」が起こってしまうのです。

優等生を「こじらせる」日本の大学

たとえ優等生型の東大生でも、大学の4年間で、それまで身につけられなかったやり方を工夫したり、別の選択肢を探そうとする力が身につくのではないか、と思う人もいるかもしれません。

ところが、残念ながら日本の大学にはそういう環境が整っていません。

東大をはじめとする日本の大学の大半は、主任教授が必要以上に強い権力をもっています。彼らは定年までその身分がほぼ保障されているうえ、研究テーマの選び方から研究費の使い方に至るまで、あらゆる権限が与えられています。

だから、どんな研究をするにせよ、学生や研究者は常に教授の顔色をうかがわねばならないのです。

同じ東大や京大でも、物理学の分野は比較的自由な研究を許す土壌があるようなのですが、とりわけ医学部においては、よほど寛容なパーソナリティの教授にあたらない限り、それは期待できません。

実際、日本の医学の世界自体では、権威とされる学者が受け入れない限り、「新説」として認められないという事例は数多くあり、医学部においても、教授の意に沿わないものは論文として認められないというケースは決して珍しくないのです。

それでも、これまで学校や塾の言いなりになることでうまくやってきた学生は、大学でもそうやって、教授の言いなりになることを当たり前のように受け入れます。

つまり、**日本の大学には、優等生をむしろ〝こじらせる〟環境がある**のです。

さらに始末に負えないのは、教授に気に入られれば、そのまま大学院に進学し、博士号を取り、東大ではなくてもどこかの教授になるという未来が見えてくることです。

日本の大学の場合、「教授会で教授を決める」という悪しきシステムがあり、上に逆らえば出世はできません。

そもそも、学校や塾の先生に従うことで成功体験を重ねてきた優等生は、上から与えられる「王道」を疑いません。

だから、教授の言いなりになることに疑問さえ持たないのです。

もちろん結果として、東大や地方大学の教授に〝無事に〟収まる可能性は高いでしょう。しかし、そこですごい研究成果を上げているようなケースはほとんどありません。教授を困らせないような、平凡なテーマにしか取り組んでこなかったのですから当たり前です。

その結果、東大出身のノーベル賞受賞者は意外なほど少なく（文学賞・平和賞を含めて、29人の受賞者中全7人）、物理学科以外では海外に留学した人以外はノーベル賞の受賞者はおらず、**入学時にはどこよりも高い偏差値の入試問題を突破した頭脳が集結しているはずの東大理Ⅲからは、ただの1人も出ていない**のです。

賢い生徒をバカにしてしまう日本の大学の罪深さ

日本の大学の問題は、「仮説を立てるより、検証（証明）が重要だ」とする土壌にもあります。

特に医学部はそれが顕著で、証明できない論文を提出すれば「これは論文ではなく、論説、仮定だ」とつっぱねられます。

これは、一見正しいことのように思えるかもしれませんが、**研究者にとって大事なのは、証明する力より仮説を立てる力**です。今後、ＩＴ技術がますます進み、証明はＡＩやコンピューターに任せればよいという時代は必ずやってきます。

だから本当は、「当たり前を疑うこと」や「仮説を立てる」ことこそが、人間、少なくとも研究者の役割だといえるでしょう。

ノーベル生理学・医学賞を受賞した山中伸弥氏の功績は、世界中で「当たり前」とされていたやり方を崩したことです。受精卵をクローン化して万能細胞をつくろうという「当たり前」のやり方とはまったく違う、今ある細胞を初期化する、という方法を思いついたのです。

湯川秀樹氏が日本人で初めてノーベル物理学賞を受賞した理由も、「中間子」の存在を証明したからではありません。ノーベル賞につながったのは、その存在を「仮定」したことであって、後に別の人によってそれが発見されたから受賞できたのです。

そもそも、ノーベル賞自体、その多くは「仮説」に与えられているのです。

東大を含めて、医学部の臨床科（基礎医学分野でない）で研究した人がノーベル賞を取ったことがないこと、物理学以外は何十年にもわたって日本の大学だけで研究した人はノーベル賞を取っていないこと、あるいは、企業研究者がノーベル賞を取るケースが目立つこと――これらはすべて、**「日本の大学が、賢い（はずの）生徒をバカにしてしまう土壌がある」**ことの証明だと私は考えています。

「反論できる力」こそ、本来の高等教育で身につけるべきもの

上の言うことを疑わず、言われたとおりのことができる能力というのは、ときに人生の邪魔になります。

たとえば、凶悪な少年犯罪のニュースが連日報道され、したり顔のコメンテーターが「最近、凶悪な少年犯罪が増えている」とテレビで発言したとしましょう。

テレビに出るような〝えらい人〟の言うことは正しいと思い込んでいる人は、その発言を疑うこともありません。

しかし、ネットで検索すればすぐにわかることですが、実際には凶悪な少年犯罪は1958年から1966年をピークに、急激にその数は減少しています。逆に言えば、今やそれだけ凶悪な少年犯罪が珍しいからこそ、ニュースになるのだともいえます。

このような、あたかも正しいことのように伝えられることに対して、**「そうとは限らな**

いのではないか」と反論できる力を身につけることが、本来の高等教育の価値なのです。

それなのに日本では、東大の卒業生の中にさえ、「なるほど、そうなのか」と簡単に納得する人が珍しくないのです。

そういう素直すぎる姿勢や、言われたとおりのことしかできない様子を見て、「東大卒は頭がいいだけで使えない」とか、「受験勉強をしていると頭が固くなる」などと酷評する人がいるのですが、その傾向が否定できないのは、言われたことをやっただけで合格を勝ち取ることができた7割の優等生型の東大生のほうです。

つまり、**たまたま上から言われたとおりのことができる能力に長けていたことで東大合格を果たした、あるいはこのまま果たしてしまいそうな優等生タイプの子ほど、注意が必要**です。

少なくとも、社会に出る前のどこかのタイミングで意識改革をしておかなければ、東大には合格できても、「使えない東大卒」になってしまう危険があります。

アメリカでは、ハーバードのような名門大学の面接試験では、教授に面接をさせずに、プロの面接官が、教授に逆らいそうな人を積極的に採るとされています。
今は「優」をたくさん取ることに躍起になっている子が多いようですが、大学では無理でも、いろいろな勉強会やセミナーで反論ができるトレーニングをしておくのは重要なことではないかと私は考えています。

逆に、戦略型の学生は、上の言うことが必ずしも正しいわけではないことをよく知っているし、受験勉強でオルタナティブな発想も鍛えられているので、「使える東大卒」になる可能性が高いと言えます。

戦略型の学生なら、教授が邪魔だと思えば、別の大学や外国の大学で研究するとか、大学に留まるより医療系のベンチャー企業を興すほうが得だとか、そういう別の選択肢に思いを巡らせるでしょう。
実際に、それを実行できる力もあると思います。このような学生こそ、本当の意味で優秀なのです。私の周囲でも、それを実行する人は増えています。

そもそも、戦略的に受験に臨む学生は、受験を前に、「自分は必ずしも東大に行く必要はないのではないか」と考えはじめる可能性もあります。

受験勉強の過程において、戦略型の学生は同時に「自己プロデュース力」をも磨いていきます。だからそのうち、「大学よりさらに先の自分の目的からすると、むしろ別のルートを通るほうがよいのではないか」といった別の戦略が生まれてきてもおかしくないのです。

やがて海外の大学に進学することや、東大より自由な研究ができそうな別の大学の医学部を受験するという選択肢が視野に入ってくるかもしれません。

日本で最難関といわれる東大に入れるだけの学力を身につけること、そして東大合格に向けて戦略的に勉強に取り組める力を身につけること、これらは人生においても非常に大きな意味があります。

しかし、**大事なのはそのような力を身につけることであって、得られる結果が、必ずしも東大合格でなくてもよい**のです。

東大に入れるだけの学力と東大合格に向けて戦略的に取り組む力さえあれば、世界中どこでも通用すると言っても過言ではありません。

特に、大学が研究の場であることを期待するのであれば、教授に従順な学生ほど優遇される日本の大学で学ぶよりも、教授に逆らうことを厭わなかったり、定説を疑う姿勢を持つ学生ほど評価される海外の大学に行くほうが、意味のある選択なのではないか——。

東大OBとしてはあるまじき発言かもしれませんが、私は正直、そんなふうにも感じています。

第5章

何のために受験勉強をするのか
――受験勉強は悪ではない

本書は、中学受験を前に親が過剰にエキサイトしてしまった結果、子どもに教育虐待・ネグレクトをしてしまわないための本です。

第2章でもお伝えしたように、中学受験というのは一つの通過点に過ぎず、**本当の勝負は大学受験**であると言えます（ただし、それさえ人生のゴールではないのですが）。

ところが、その**大学受験は、現在、かなり混乱した状況となっています（2019年12月には、「大学入試共通テスト」への記述式問題の導入が見送りになったばかりです）。**

というわけで、本章ではその混乱の状況についてみなさんにお伝えしていきますので、お子さんの大学受験までの中長期的戦略を考える際の一助としていただきたいと思います。

「従来型の学力」は、本当に時代遅れなのか？

かつて受験の主流だった、ペーパーテストで問われるような学力は、今や「従来型の学力」と呼ばれ、以前より軽んじられる傾向は否めません。

しかし、本当にそれでよいのでしょうか？

これまで日本人でノーベル賞を受賞した人は全部で29人ですが、すべて国立大学の出身者で占められています。国立大学の場合は、私立大学に比べて試験科目数も多く、「高く、幅広い基礎学力」がないと合格が難しいのは今も昔も変わりません。

ここでいう「高く、幅広い基礎学力」こそが、今や時代遅れと言わんばかりの「従来型の学力」なのですが、ノーベル賞を受賞するような人というのはみな、最低限、「従来型の学力」を持っている人だと言えるのです。

2014年に文部科学省の諮問機関である中央教育審議会（以下、「中教審」という）から「新しい時代にふさわしい高大接続の実施に向けた高等学校教育、大学教育、大学入学者選抜の一体的改革について」という答申が出されたことで、これまでの大学入試で問われてきた「従来型の学力」を主体とする評価は明確に否定されました。

そこで主張されたのは、大事なのは知識量ではなく「生きる力」であり、大学入試もそれを問う形に改革しなければならないということです。

それを受け、2019年度をもってセンター試験は廃止され、2020年度の大学入試より、**「思考力・判断力・表現力」を中心に評価する「大学入学共通テスト」**に移行されることになりました。

さらに大きな改革は、各大学が個別に採用する入学者選抜、いわゆる二次試験では、「学力の3要素」を踏まえた、**「多面的な選抜方式」**をとるよう求められたことです。

「学力の3要素」については、前出の答申の「最終報告」(2016年)において、以下のような定義がなされています。

(1) 十分な知識・技能
(2) それらを基盤にして答えが一つに定まらない問題に自ら解を見いだしていく思考力・判断力・表現力等の能力
(3) これらの基になる主体性を持って多様な人々と協働して学ぶ態度

これの(1)にあたるのが、「従来型の学力」ですが、それのみを問うこれまでの大学入試の形では、子どもたちの生きる力が育まれないから、（2）や（3）も大学に入るまでに身につけさせろ、というのが彼らの言い分です。

「学力の3要素」を踏まえた多面的な選抜方式というのは、簡単に言えば、面接や小論文での選考を主体とする〝アメリカ型〟の入試システムを指していると考えられます。

おそらくそれを踏まえれば、初等・中等教育も〝アメリカ型〟が理想であると中教審は考えているのでしょう。

しかし、〝アメリカ型〟の教育で育った、約150万人もいるアメリカ育ちの日系人からはただの1人もノーベル賞の受賞者は生まれていません。アメリカの大学で研究した日本人の受賞者は数多くいますが、彼らもみな、高校までは日本で教育を受けています。

この事実だけを見ても、高校までの〝アメリカ型〟の教育が、少なくとも日本人にとって明らかな効果があるものだとは到底思えません。

「ペーパーテスト学力」こそ、いま再評価すべき

中教審のメンバーの大半は大学に籍を置く〝学者〟なのですが、彼らが〝アメリカ型〟と思い込んでいる初等・中等教育は、彼らが若い頃に見た過去の景色に過ぎません。

なぜなら、当のアメリカでは、1983年に『危機に立つ国家』という連邦報告書によって、教育の危機的状況が明らかになって以降、大規模な教育改革が実施されているからです。

しかもその際、**学力再建の指標とされたのが、いまや日本ではすこぶる評判の悪い「ペーパーテスト学力」**なのです。

たとえば、テキサス州では、ペーパーテストの平均点が低い学校の補助金を打ち切り、代わりに子どもにバウチャー（金券）を与えて、フリースクールに通わせるなどの強硬政策を打ち立てました。

それによって、全米最下位レベルだった子どもたちの学力水準が、全米トップレベルにまで引き上げられたのです。

その過程では、確かに教師による過度な試験対策などの問題も生じたようですが、**基礎学力重視の教育に変わって以降、労働力の質が明らかに向上**したため、この教育改革は一般大衆にも好意的に受け入れられました。

このテキサス州の教育改革を断行した州知事（当時）のジョージ・W・ブッシュが、後に大統領にまで登りつめたことが、そのことをよく物語っています。

つまり、現代のアメリカでは、面接や小論文だけで教育の成果を測ろうとしているなどということはなく、学力が上がった、下がった、あるいは、教育政策が成功した、失敗した、というのは「ペーパーテスト学力」によって判断されているのです。

確かに、アメリカの大学ではAO入試（学科試験の結果ではなく、内申書や活動報告書、面接、小論文などによる多面的な評価によって合格者を選抜するシステム）が主流ではありますが、それだけで合否が決められているわけではありません。

受験者は、SAT（大学進学適性試験）スコアを提出することが義務づけられており、「アイビーリーグ」と呼ばれる超名門大学（ブラウン大学、コロンビア大学、コーネル大学、ダートマス大学、ハーバード大学、ペンシルベニア大学、プリンストン大学、イェール大学）であれば、1600点満点中1500点以上という非常に高いレベルの「ペーパーテスト学力」が求められます。

だから、アメリカの受験生たちもペーパーテスト対策の受験勉強を熱心に行いますし、**AO入試大国といえども、「ペーパーテスト学力」が軽視されているというわけではありません。**

イギリスでも、教育政策に大きな力を注いだサッチャー元首相、そしてブレア元首相は、全国共通カリキュラムを導入し、さらに全国テストの実施にも踏み切りました。

この改革に影響を与えたとされるのが、リチャード・リンという心理学者で、その著書では日本の教育の優秀さに言及されています。なかでも、高校受験や大学受験という2つの重要な機会が学習の強い動機づけになっていることが高く評価されているのです。

そのほか、東南アジアの多くの国でも、日本の初等・中等教育（世界的な常識では、高校までの教育は初等・中等教育に分類されます）をお手本にし、教育システムやテストのシステムは日本型が踏襲されています。

実際、「従来型の学力」を問う入試を突破して国立大学を出た日本人が、海外の大学院で落ちこぼれたという話はほとんど聞いたことがありません。

やはり、**これまでの日本の教育が育んできた「従来型の学力」＝「ペーパーテスト学力」は世界一だと言っても過言ではない**とさえ思います。

諸外国からも絶賛され、しかも十分な結果も出している、これまでの初等・中等教育やその結果を問う入試制度の改革を、当の日本だけがなぜか強硬に推し進めようとしているのは、一体なぜなのでしょうか？

「従来型の学力の否定」ありきで進んでいる教育改革

先の答申の「最終報告」では、「知識・技能」を「学力の3要素」の基盤に位置づけています。これを素直に読めば、中央教育審議会も「従来型の学力」自体を完全否定しているわけではないようにも受け取れます。

しかし、その一方で、「学力の3要素を踏まえた学力評価の実施、多元的な評価の推進」のため、各大学に対して2020年度の入試から、以下のものを具体的な評価に組み入れることを求めているのです。

- ●「大学入学希望者学力評価テスト」(その後、名称は「大学入学共通テスト」に決定)の結果
- ●自らの考えに基づき、論を立てて記述させる評価方法
- ●調査書
- ●活動報告書
- ●各種大会や顕彰等の記録、資格・検定試験の結果
- ●推薦書等
- ●エッセイ
- ●大学入学希望理由書、学習計画書
- ●面接、ディベート、集団討論、プレゼンテーション

●その他

これらの各々の点数を上げなければならないとなれば、膨大な時間と労力が必要です。数学力や英語力をもっと上げるために使える時間が、面接や小論文、集団討論などの対策に取って代わることになるわけで、数学や英語にかけられる時間が相対的に減れば、たとえ「できる子」であっても、「従来型の学力」は下がることになると思われます。

こんなことは、誰がどう考えてもわかりきっていることですから、**今回の教育改革は「従来型の学力」の否定ありきで進んでいる**としか考えられないのです。

「人間性を重視する選考」はリスクでしかない

中央教育審議会は「画一的な一斉試験で正答に関する知識の再生を問う評価に偏った」ものではなく、「人が人を選ぶ」個別選抜を確立するようにと明言しています。

平たくいえば、「従来型の学力」は当てにならないから、学力より人間性を評価しろというところでしょうか。

「学力より人間性」、これほど危険なことはないと私は思っています。

前橋市の群馬大学医学部附属病院で2010年から2014年の間に、同じ医師が腹腔鏡による肝臓切除手術で、患者8人を相次いで死亡させるという事件が起きました。

この医師は、別の開腹手術でも患者10人を死亡させており、合わせて18人もの患者の尊い命を奪ったのです。

医師として信じられないほどの技量不足であったことは疑う余地もありませんが、その一方で「穏やかで真面目だった」と評判だった彼は、17人目までの患者を納得させるだけの、人当たりの良さとプレゼン能力をもっていたことは間違いありません。

「学力より人間性を重視する選考」は医学部でも例外なく行われるのでしょうから、今後このような医師が増える可能性は否定できません。

もちろん、腕も人間性もどちらも優れているに越したことはないでしょうが、「腕はないけど人当たりのいい医師」と、「愛想はないけど腕はいい医師」、社会にとってどちらが必要なのかは火を見るより明らかです。

受験生の立場からしても、明らかにテストの点数は足りているのに、面接や集団討論で人間性が否定されて落ちるようなことがあれば、そのショックは計り知れません。

しかし、今回の改革ではそのようなリスクはまったく想定されていません。

むしろ中教審は、テストの点数がたった1点足りなくて落ちるような〝理不尽〟こそ改革が必要だと考えているようで、「1回の共通テストによる教科の知識に偏重した1点刻みの評価」に対しても否定的な見解を表明しています。

日本というのは不思議なくらい、医者に対して正のインセンティブも負のインセンティブもない国です。

ものすごく腕がいいからといって、それが報酬を大きく左右することもない代わりに、たとえば医療ミスを起こしたとしても、アメリカのように訴えられて莫大な賠償金を取られるようなことも滅多にありません。

それでも、**諸外国に比べ医療ミスの数が少ないのは、たった1つのミスが合否に影響するような受験で鍛えられてきたおかげではないか**と私は考えています。

91点と100点が同等に扱われたり、何回もトライして最もいい点数を提出できるようなシステムは、「実力はあるのにミスで落ちる」タイプの受験生を救うことにはなるのでしょうが、その分、ミスに対する緊張感を低下させ、結局、ミスだらけの医者をたくさん生み出してしまう危険性をはらんでいます。

あなたの身内が医療ミスで命を奪われたとして、「普段は有能なのですが、たまたま本番でミスをしてしまって……」という言い訳を許せるでしょうか?

社会に出れば、「ミスも実力のうち」という厳しさは常識です。そういう意味では、**「ミスをしない力」というのも「生きる力」**だと考えるほうが、明らかに理にかなっているのではないでしょうか。

内申点を気にして、自殺までしてしまう悲劇

推薦入試やAO入試においては、学校から志望大学に提出される調査書が合否に大きく影響します。

推薦入試やAO入試の意味を考えれば、それはある意味当然ではありますが、**2020年度以降は、一般入試においても、学校の調査書が積極的に活用される方針になりました。**センター試験の改革は行われなくても、文科省は二次試験はどうしてもペーパーテスト学力を否定するように改革を進めようとしているのです。

これは、一般入試を受験する生徒にとってはかなりのストレスです。

もちろん、受験日に照準を合わせた一発勝負が効かなくなるというデメリットもあります。

しかし、それ以上に厄介なのは、その評価法が、1989年に改訂され、小学校は1992年、中学校は1993年、高校は1994年から施行されている**「観点別評価」**であ

ることです。

これにより生徒は、ペーパーテストの学力だけでなく、「関心・意欲・態度」「思考・判断・表現」「技能」などの多面的な観点からの評価を受けなければならなくなりました。

この「観点別評価」においては、ペーパーテストの結果は、観点の一つでしかありません。つまり、中間試験や期末試験といった定期試験で仮に満点を取っていても、授業中に意欲が感じられないとか、態度が悪い、あるいは宿題を提出していない、ノートの取り方が悪い、などと見なされた場合は、「5段階評価で3しか取れない」ということも十分起こり得るのです。

高校受験に使われる内申書は、すでにこの観点別評価が採用されています。

もちろん、以前からクラブ活動や生徒会活動などを積極的に行った生徒に対し、教師の主観的な評価が加味されることはありました。

しかし、観点別評価が施行されてからは、教科ごとの評価にまで、教師の主観が入ってくるようになったのです。

つまり、行きたい高校が内申点を重視する場合、授業中に意欲がないように見せてはいけないので、公立中学校の生徒たちはそれに縛られざるを得ず、非常にストレスの多い学校生活を送ることを余儀なくされているのです。

万引きの濡れ衣を着せられた中学3年生の男子生徒が、内申点への影響に絶望して、自殺してしまうという悲劇も現実に起きています。２０２０年以降、そのような問題が高校にまで広がる可能性は小さくありません。

以前も、教師の体罰で自殺したとされる運動部の生徒が、実は大学の推薦入試がかかっていたからではないかと報じられていたことがありました。

これからは、推薦入学を目指す生徒だけでなく、**一般入試を受けようとする生徒までが、教師に嫌われないようにと細心の注意を払いながら学校生活を送らなければならなくなる**のです。

中教審は、「観点別評価」こそが、「生きる力」を評価するものだと思い込んでいるのかもしれません。もしそうだとしたら、彼らの考える〝生きる力〟とは、教師に嫌われない力だというのことなのでしょうか？　これでは、教師の言いなりになるような「優等生型」の子しか名門大学に入れなくなることになりかねません。自分で工夫をする力こそ、〝生きる力〟と考えていないのでしょう。

もちろん、十分な学力があったうえでの高い観点別評価であれば、理想的なのかもしれません（私はそれも表面的なものと思っていますが）。しかし、なかには、学力は低いのに、教師受けが良くて、観点別評価はとても高いという生徒もいます。

彼らは、入試においては得をすることになるのかもしれませんが、大学の授業は一定の学力を前提に行われるものなのですから、それを身につけずに大学に行ったところで輝くことなどできません。それはそれで、本人にとっては不幸なのです。

かつて行われていた東大の後期入試が廃止されたのも、後期入試で合格を得た学生は、前期入試に合格した学生に比べ、明らかに学力が劣っていて、東大の授業についていけなかったためだと言われています。

大学の質を維持向上させようとすれば、一定の学力は絶対に必要なのです。

AO入試が、日本の大学をますますダメにする

前述したように、諸外国からは、かつては日本の高校までの教育は世界一との評価を受けていました。しかしその一方で、日本の大学の教育を真似ようとする国はどこにもありません。

アジアの国々では、日本の大学に留学しようと考えるのは、日本語を覚えたいか、お金を稼ぎたいかのどちらかで、優秀な学生はみなアメリカの大学を選んでいるのです。

日本の大学の問題点については、第4章ですでに語っていますので、ここではあえて言及しません。しかし、将来、東大を含めたすべての国公立大学の入試が、実質AO入試化されることになれば、日本の大学はますますダメになるだろうと私は危惧しています。

AO入試とは、学科試験の結果ではなく、調査書や活動報告書、面接、小論文などによる多面的な評価によって合格者を選抜するシステムのことです。大学入学共通テスト以外の大学個別の学科試験は課されないため、十分な学力を身につけていない学生が大量に入

学してくる可能性があることは、かなり深刻な問題です。

しかし、それ以上の問題は、**日本のAO入試の面接を担当するのは多くの場合、その大学の教授**であることです。

彼らは面接のプロではありませんし、そもそも講義や研究の片手間の面接ですから、面接塾でトレーニングを重ねただけの上っ面の学生と、真に優秀な学生を見分ける力などあるはずはありません。

そもそも、自分に反発しそうな面倒な学生をわざわざ合格させる必要はないのですから、自分と考え方が似ていて、従順そうな学生しか取らないということは十分起こり得ます。

これでは、教授だけが威張り腐っている今の大学の問題がさらに深刻化し、大学の活性化や進化など実現するはずがありません。

AO入試の本場であるアメリカの大学では、受験生の面接やレポートのチェックは、独立した第三者機関である「アドミッション・オフィス」（AO＝入学事務局）が担当します。

たとえばハーバード大学のAOは、2000人もの専従職員を抱えるほどの規模を誇っていますが、真に優秀な学生を集めるためには、それだけ本気で取り組まねばならないということなのでしょう。

質のいい学生を入学させることで、大学をより活性化させるのが彼らの使命なので、もちろん、教授への忖度など必要ありません。だから、教授に楯突くような学生をむしろ積極的に受け入れるのです。

同じAO入試でも、アメリカと日本では似て非なるもの——この事実は決して忘れてはいけません。

「コンテンツ学力」より、「ノウハウ学力」を

先述のように、中教審の委員たちは、現行の「知識偏重」の受験勉強では、「生きる力」や主体性、思考力などが身につかないと考えているようです。

本書でここまでお話ししてきたとおり、私は**学力試験対策としての受験勉強でこそ、「生きる力」は身につく**のだと考えています。

受験勉強で必死に勉強した英語が役に立たないと思っている人は多いですが、たとえ堅い英語でも、たとえば研究論文を書くときなどにフォーマルな英語が書ける能力は決して無駄にはなりません。

とはいえ、みんなが研究者になるわけではないですし、たとえば、数学の二次方程式や歴史の年号が社会に出てから役に立つかと言えば、決してそうだとは言えません。

また、数学の難しい問題を解く力だって、一般の企業に勤めている限り使うことはほぼありませんし、必死に覚えた歴史の年号も使うことがあるとしたら、クイズ番組に出るチャンスに恵まれたときくらいでしょう。

このように、受験勉強で覚えたり身につけたりした力（私はこれを**「コンテンツ学力」**と呼んでいます）は、その能力の獲得にどれだけ注力しても、社会に出てからそれ自体が役に立つ場面はかなり限られるのは事実です。

しかし、受験勉強で身につくのはコンテンツ学力だけではありません。

自己を分析し、相手を分析し、自分に対する動機づけをし、さらにはゴールまでのスケ

ジュール管理をして、自分の能力を最大限に発揮する能力もまた身につきます。

私はそのような力を**「ノウハウ学力」**と呼んでいますが、**それを発揮することが本当の意味での「生きる力」であり、主体性でもあります。**

どのような職業を選ぼうとも、社会に出てから必要とされるのは、まさにそのような力なのです。

高度成長の時代と違って、これからはどんな仕事につくにせよ、うまくいく確率のほうがずっと低い世の中になっていきます。だから、ダメだったときに何ができるかを考える力というのが、この先は必ず必要になります。

それこそが、社会で求められる「思考力」でもあるのです。

迷走する大学入試制度改革。そもそも、マークシート方式を改革する必要はない

マークシート方式のテストでは思考力が評価できないなどとして、大学入学共通テスト

には「記述式問題」を導入することが大々的にアピールされていました。
しかし、採点の不公平さや民間事業者から委託された採点者のスキルなどに対する懸念が浮上し、土壇場で先送りされる事態となりました（2019年12月現在）。

そもそも、記述式問題を課すことの一番大きな問題は、それによって**思考がむしろ画一的になってしまう**ということです。

多くの人は、答えが1つしかないマークシート方式の試験では、発想を型にはめてしまうと思い込んでいるようですが、それは明らかな誤解です。
なぜなら、**答えだけを求めるやり方は、思考のプロセスは一切問われないため、自由な思考が許される**からです。どんな変わった解法で解いたとしても、答えさえ合っていれば正解なのです。

逆に、思考のプロセスまで記述させるというやり方は、結果だけでなく、そのプロセスも評価の対象となります。採点者の理解を超えた解法は、間違いなくはねられます。

そういう意味で、採点者のレベルも非常に重要なのですが、いずれにしろ、発想力を鍛えさせたいのであれば、**マークシート方式を真っ向から否定する必要などそもそもなかったの**です。

大学入学共通テストでは思考のプロセスを、そして調査書では学校時代の意欲や態度というプロセスを評価されることになれば、学生たちは思考パターンや自己の表現方法まで、一定の「型」に合わせることを強要されます。

それは、**日本人にありがちな「かくあるべし思考」をより強める結果**となります。

これでは、「多様な考えができる人間をつくる」という大学入試改革の当初の思惑が果たせるとは到底考えられません。

何度も言うように、**「あれもこれもあり」と思える人間のほうが、メンタル面でも、これからの人生を生き抜くうえで強い**のです。

それなのに、**今回の大学入試改革は、それとは完全に逆行しているの**です。

大学入試改革より、大学教育の改革を

かつて主流だった学力試験重視の大学入試は、世界一優れた日本の教育を評価する方法として、あるいは、その過程で生きる力や思考力、主体性を身につけさせる手段として、実は非常に理想的だったと私は思っています。

その一方で、日本の大学のシステムには、数々の問題が山積し、そのレベルは決して高いとは言えず、その証拠に諸外国からはまったく注目されていません。バカにされているといってもいいくらいです。

だとしたら、**大学入試のシステムではなく、大学教育のほうを改革すべきではないかというのが真っ当な発想**ではないでしょうか。

しかし、今回の教育改革の目玉は入試改革のほうで、肝心の大学教育のほうに大幅な改革が行われる様子はありません。

日本人の学力が下がった理由を全部、初等・中等教育に押しつけた挙げ句に、諸外国においては大学進学率が5～7割という時代なのだから、大学に入ってから身につければいいとされている主体性や多様性、協調性、思考力、判断力、表現力までをも、高校生レベルの子どもに求めようとしているのです。

しかも、それによってそうでなくても低い基礎学力の低下という副作用が起こる可能性は決して低くないのにもかかわらず、です。

仮に、大学入試改革が大成功して、主体性や多様性、協調性、思考力、判断力、表現力を十分に身につけた学生を入学させたとしても、大学側が変わらない限り、それらの力は大学の4年間ないしは6年間で一切伸ばせないということになります。

大学の医学部の入試面接でコミュニケーションスキルを問うたとしても、入学時以上にそのスキルを伸ばさないまま、医者として送り出すことが果たして正しいのでしょうか？

逆に、研究医志向が高い人には、極端な話、コミュニケーションスキルは必ずしも必要ではないのに、そういう人を入試の時点で排除してしまえば、その才能をつぶすことにもなりかねません。

大学入試で問うのはあくまでも学力のみにして、コミュニケーション能力を問うのは医師国家試験のほうにすれば、その対策のために大学の講義でもコミュニケーションスキルを教えることになるでしょう。それによって、今よりコミュニケーション能力の高い医師は輩出できます。

それに、大学で研究に没頭したい学生には余計なストレスを与えずにすみます。もちろん、医師国家試験の合格率を上げるためのその対策の教育は必要になるので、結果的に医学部の教育改革も進むのではないでしょうか。

そういう意味でも、やはり**大学入試で優先して問うべきは基礎学力**であり、それを基盤としてその後の目的に応じた高度な知識や技能、そしてさまざまなスキル、あるいは、疑う能力やいろいろな考え方を身につけるのは、大学という場であってしかるべきというのが私の考えなのです。

問題の多い大学入試。だからこそ、そこに挑む意味とは？

近年の中学受験においては、大学附属の中高一貫校の人気が非常に高いという話をよく耳にします。

東京であれば、早稲田、慶應の附属校だけでなく、いわゆるＧＭＡＲＣＨ（学習院、明治、青山学院、立教、中央、法政）の附属校にも高い学力の子が押し寄せ、偏差値もうなぎ上りなのだそうです。

２０２０年度から実施される大学入試改革が非常に複雑でわかりにくいこともあり、大学受験で苦労するくらいなら、早めに一般的にいいといわれる大学へのルートを確保しておきたいという親の目論見があるのでしょう。

確かに、今回の大学入試改革にはさまざまな問題があります。

それでも大学受験というものは、「生きる力」を育む絶好の機会であるという私の考えは変わりません。

確かに、中学から附属校に入っておけば、ベストではなくても、理想に近い学歴は得られるでしょう。場合によっては、就職においても、それなりに有利であるかもしれません。

しかし、人生の本当の勝負はその後です。**上から与えられたことをやるだけで比較的簡単に道が開かれるような環境に安易につからせてしまえば、生きる力は育まれません。**生きる力を身につけないまま社会に出てしまえば、第4章でお話しした優等生型の東大生と同じように、「使えない人間」になってしまう可能性もあります。

終身雇用制も崩れてしまった今、使えないと判断された人間はすぐに社会から放り出されてしまいます。**子どものために良かれと思った判断が、かえってその子の生きる力を奪ってしまうこともある**のです。これも一種の虐待であると私は考えています。

これはあくまでも私の予想ですが、AO入試が主流になる流れは変えられないとしても、どの大学も学生の学力低下だけは絶対に避けたいはずです。

文科省の顔を立てる意味もあって、定員の7~8割はAO入試という時代になるのは間違いないとは思いますが、それでも残りの2〜3割は従来どおりのペーパーテストで選考するというシステムを死守するのではないでしょうか。

そうなると、ペーパーテストで合格を勝ち取ることは、今とは比べものにならないくらい難しくなるはずです。東大はさらに難関になるでしょう。

しかし、だからこそ、そこに挑んでほしいのです。

本当は、**やり方を工夫しさえすれば結果が出せるペーパーテストこそが、誰にも公平に開かれたチャンスの扉**なのですから。

難しそうに見えることだって、それを成し遂げる方法は必ずある——。それを身をもって学ぶことは、人生の大きな武器になります。

そして、そういう武器を与えてやることが、親ができる最高のプレゼントなのです。

あとがき

本書もいよいよ終わりに近づいてきました。

最後に、大学受験の話から、時間を中学受験まで巻き戻して、親であるみなさんにもう一言、お伝えしたいと思います。


日本の子どもは、諸外国に比べ自己肯定感が低い傾向にあると言われます。その根拠としてよく挙げられるのが、2015年に国立青少年教育振興機構が発表した「高校生の生活と意識に関する調査報告書—日本・米国・中国・韓国の比較—」(http://www.niye.go.jp/kenkyu_houkoku/contents/detail/i/98)の結果です。

それを見ると、「自分はダメな人間だと思うことがあるか」という質問に対して、日本の高校生の実に7割以上が、「とてもそう思う」「まあそう思う」と回答しているのです。

これは、調査対象となった4か国(日本のほかは、アメリカ、中国、韓国)の中で突出して高い数字となっています。

「自分はできる」という自信がもてない子が7割以上もいるということの現実は、画一的な教育を押しつけられ、大人たちの「かくあるべし」に縛られた日本の子どもたちが、「できない」経験と劣等感に苦しんでいる状況をよく物語っていると私は思っています。

これはもう、「国をあげての虐待」だというのは、言い過ぎでしょうか？

「できない」のはたまたまやり方が悪いだけなのですから、やり方を変えればできるようになります。それを試そうともしないから、多くの子どもたちは、「できる」経験が得られないのです。

「できる」経験をもたなければ、自信などもてるはずもありません。子どもたちに自己肯定感をもたせられない責任の一端は、もちろん学校や塾にもあるでしょう。

しかし、**あえて厳しいことを言わせていただくと、誰よりも反省すべきなのは、親たち**

です。

ブランド塾のやり方こそが正しいと思い込み、別のやり方を探してやろうともせずに、結果が出ないのは努力不足だと叱責する。

そして、プロセスにこだわるあまり、勝手に描いた理想のルートから少し外れただけで、もうゴールには届かないと悲観する——。

そういう親たちの努力不足と思い込みが、子どもに無用の劣等感を植えつけているのです。

「私は失敗したことがない。1万通りのうまくいかないやり方を見つけただけだ」

実は、この名言を残したエジソンの成功の裏には、彼を支え続けた母親、ナンシー・エリオット・エジソンの存在がありました。

子どもの頃から落ち着きがなく、教師を困らせるような質問ばかりしていたエジソンは、入学後たった3か月で「迷惑な子ども」という烙印を押されてしまいます。

元教師でもあったナンシーはそのような学校の対応に憤慨し、彼に学校を辞めさせて、自分が勉強を教えることを決意します。

エジソンは、発達障害と学習障害を抱えていた可能性が高い人物としても知られていますが、ナンシーはそんな彼を否定することなく支え続け、類稀なる才能を開花させることに成功しました。

そこに至るまで、彼女がありとあらゆる教育法を試し続けたであろうことは、想像に難くありません。わが子に合う方法で導いてやれば、必ず立派な大人に育てられるという信念もあったのだと思います。

そうやって彼女は、「迷惑な子ども」というレッテルを貼られたわが子を、後世に偉人と呼ばれる人物にまで育てあげたのです。

わが子のことを本当に思うなら、親としてやるべきことはたくさんあります。

子どもの力を信じ、結果を出させるための方法をとことん探すこと。

そして、オルタナティブな発想をもち、うまくいかないことがあっても、ゴールまでの別のルートを考えてやること。

そういう親の努力があれば、子どもは「できる」経験が得られるようになります。それによって自信を得れば、「難しいことでも、やり方次第で必ずできるようになる」と自分を信じられるようになります。そうやって、いつしか「生きる力」も身につきます。

逆に、**子どもが自己肯定感をもてないとしたら、それは完全に親のほうの努力不足**なのです。

今からでも、決して遅くはありません。

ほかの子とは違うその子の個性を正しく評価し、さまざまな選択肢の中から、その子がしっかり結果を出せる方法を探し出すための努力を、まず書店に行くなり、ネットを検索するなりして、さっそく今日から始めていただければと思います。

ディスカヴァー携書 220

受験で子どもを伸ばす親、つぶす親

発行日　2020年3月20日　第1刷

Author　和田秀樹
Book Designer　石間淳
Publication　株式会社ディスカヴァー・トゥエンティワン
〒102-0093　東京都千代田区平河町2-16-1 平河町森タワー11F
TEL　03-3237-8321（代表）　03-3237-8345（営業）
FAX　03-3237-8323
http://www.d21.co.jp

Publisher　谷口奈緒美
Editor　三谷祐一　原典宏　渡辺基志（編集協力：熊本りか）

Publishing Company
蛯原昇　千葉正幸　梅本翔太　古矢薫　青木翔平　岩﨑麻衣
大竹朝子　小木曽礼丈　小田孝文　小山怜那　川島理　木下智尋
越野志絵良　佐竹祐哉　佐藤淳基　佐藤昌幸　直林実咲　橋本莉奈
廣内悠理　三角真穂　宮田有利子　井澤徳子　俵敬子　藤井かおり
藤井多穂子　町田加奈子　丸山香織

Digital Commerce Company
谷口奈緒美　飯田智樹　安永智洋　大山聡子　岡本典子　早水真吾
磯部隆　伊東佑真　倉田華　榊原僚　佐々木玲奈　佐藤サラ圭
庄司知世　杉田彰子　高橋雛乃　辰巳佳衣　谷中卓　中島俊平
西川なつか　野﨑竜海　野中保奈美　林拓馬　林秀樹　牧野類
松石悠　三輪真也　安永姫菜　中澤泰宏　王廳　倉次みのり
滝口景太郎

Business Solution Company
蛯原昇　志摩晃司　瀧俊樹　野村美紀　藤田浩芳

Business Platform Group
大星多聞　小関勝則　堀部直人　小田木もも　斎藤悠人　山中麻吏
福田章平　伊藤香　葛目美枝子　鈴木洋子　畑野衣見

Company Design Group
松原史与志　井筒浩　井上竜之介　岡村浩明　奥田千晶　田中亜紀
福永友紀　山田諭志　池田望　石光まゆ子　石橋佐知子　川本寛子
宮崎陽子

Proofreader　株式会社鷗来堂
DTP　株式会社RUHIA
Printing　共同印刷株式会社

・定価はカバーに表示してあります。本書の無断転載・複写は、著作権法上での例外を除き禁じられています。インターネット、モバイル等の電子メディアにおける無断転載ならびに第三者によるスキャンやデジタル化もこれに準じます。
・乱丁・落丁本はお取り替えいたしますので、小社「不良品交換係」まで着払いにてお送りください。
・本書へのご意見ご感想は下記からご送信いただけます。
http://www.d21.co.jp/inquiry/

ISBN978-4-7993-2593-3

携書フォーマット：長坂勇司